법학총서

사례연구

기업윤리와 법

이상돈 · 지유미 · 박혜림

法 文 社

머 리 말

최근 기업경영의 비윤리성이 비판받고 있다. 재벌기업의 총수가 기소되기 일쑤이고, 그에 따라 국민경제에서 커다란 비중을 차지하는 기업들에게까지 간과할 수 없는 경영리스크를 발생시키기도 한다. 이른바 윤리경영의 시대가 된 것이다.

그러나 기업경영의 목표는 윤리를 실현하는 데 있지 않다. 수익을 창출하여 부를 축적하고, 그 부를 통해 우리 모두가 행복한 삶을 누리기 위한 조건을 얻는 데에 있다. 또한 기업경영에서 지나치게 엄격한 윤리적 요청은 기업의 성장과 경영의 효율성에 심각한 장애가 되기도 한다. 우리사회에서는 특히 경영의 합리성을 이루는 경영판단이나 전략까지 윤리주의적 요청에 의해 부도덕한 일인양 매도되기도 한다. 우리는 그런 과도한 경영윤리를 경계해야 한다. 이는 우리 모두를 위해서이다.

정반대로 그렇다고해서 기업의 성장과 경영의 효율성이 모든 윤리적 요청 위에 있어서도 안 된다. 특히 부도덕한 방법의 경영기법은 설령 큰 부를 축적시킬 수 있다하더라도 그 방법이 가져오는 사회질서의 파괴와 모럴헤저드는 가난 그 이상으로 우리의 삶을 황폐하게 만들 수 있기 때문이다.

지금까지 법체계는 대체로 이런 윤리주의와 효율주의의 두 극단에서 적절한 조화점을 찾아 경영영역을 규율해 왔다고 볼 수 있다. 적어도 많은 시민단체가 보여주는 윤리경영의 지나치게 높은 수준과 기업가들이 경영현장에서 인정하는 윤리경영의 낮은 수준, 그 둘 사이의 어느 지점에서 법은 자신의 역할을 수행하고 있다. 경영에 관련되는 각종 현행법들은 이 둘 사이의 평균적인 윤리경영의 목록을 거의 빠짐없이 제도화하고 있다고 보아도 지나치지 않다.

그래서 윤리경영이란 오늘날 합법경영과 거의 포개진다고 할 수 있다. 또한 법에 위반하여 손해배상책임이나 과징금 또는 형사처벌을 받을 가능성은 기업경영의 성패를 좌우하기도 한다. 다시 말해 위법여부는 중요한 경영리스크의 하나가 되고 있다. 최고 경영자를 꿈꾸는 사람이라면 이사회의 결정에 등장하는 사안의 위법여부를 적어도 — 물론 로펌이나 법률가의 자문을 받아서 구체적인 법적 리스크를 평가해야 하지만 스스로 — 감지할 수 있는 역량이 필수적으로 요구된다.

그러나 어떤 경영행위가 미래에 위법이 될지를 경영행위를 하는 시점에 언제나 확실하게 알 수는 없다. 경영을 규율하는 법 자체의 내용도 해석에 의해 변화되고, 불확실하게 남을 수밖에 없는 부분이 있기 때문이다. 이 불확실성은 무엇보다도 사회체계의 분화에 따라 일어나는 합리성괴리, 즉 경영의 합리성과 법적 정의 사이의 괴리에서 비롯된다. 이 괴리는 경영과 법, 양쪽에 반성과 변화를 요구한다. 한편으로 법이 기획하는 경영윤리가 경영현실에서는 합리성을 인정받기 어려운 것들일 경우가 있고, 거꾸로 경영현실이 법이 기획하는 경영윤리에 맞춰 변화되어야 할 경우도 많다. 여기서 법과 경영이 서로 반성하고, 서로의 합리성을 존중함으로써 법적 정의는 더욱 정의로와 지고, 경영효율성은 더욱 합리적으로 변화해갈 필요가 있다.

그러므로 우리는 경영의 합리성과 경영윤리, 그리고 경영법을 꼭짓점으로 하는 정삼각형에서 우리는 경영과 법과 윤리를 정삼각형의 중앙점으로 수렴시키는 과제 앞에 서게 된다. 물론 이 과제는 한 번의 성찰과 개혁으로 해결되지 않는다. 경영기법도 변하고, 윤리적 기준도 바뀌며, 법이 추구하는 정의도 달라지기 때문에 우리는 늘 새로운 삼각형과 마주하게 되기 때문이다.

이 책은 그런 과제를 수행하는 작은 노력이다. 이 책은 2008년도 고려대학교 핵심교양 수업에서 다루어진 경영사례들을 내용으로 담고 있다. 나의 연구조교들(지유미, 박혜림)이 성실하게 사례들을 수집하고, 참고자료를 정리했으며, 수업시간 중에 행한 나의 분석들을 빠짐없이 정리하였을 뿐만 아니라 연구조교들의 독창적인 아이디어들도 첨가하였다. 그래서 이 책을 공저로 펴내기로 했다. 특히 최종 텍스트의 완성에 주도적인 역할을 한 지유미 연구원에게 각별히 고마운 마음을 더해야겠다. 지 연구원이 곧 역량 있는 형법학자이자 경영전문법학자(특히 M&A법 분야)로 성장하게 될 것을 믿어 의심치 않는다. 아울러 늘 좋은 책의 출간에 힘써주시는 법문사 사람들께도 따뜻한 마음을 전하고 싶다.

2008.7.

고려대 법대 연구실에서

이 상 돈

차 례

[14] 임금체불

[15] 부당해고

[16] 영업양도와 근로관계

[1] 부실대출

Ⅰ. 경영 사례

甲은 A증권사의 대표이사인 동시에, A증권사가 그 발행주식의 27%를 소유하고 있는 B종금사의 비상근이사로서 B종금사 이사회 의장의 부재 시 대행자 겸 대출심사위원장의 업무를 담당하고 있었다. A증권사는 이미 H의 부탁을 받고 H가 50%의 지분을 소유하고 있는 C창업투자(주)에 300억 원을 대출해주었으나 A증권사는 아직 그 대출금을 상환 받지 못한 상황에 있었고, 甲 또한 이 사실을 잘 알고 있었다. 이런 상황에서 H는 甲 및 B종금사의 자금담당이사에게 다시 자신이 50%의 지분을, C창업투자(주)가 30%의 지분을 소유하고 있는 D창업투자(주)에 B종금사가 대출을 해줄 것을 부탁하였다. 甲은 만약 D창업투자(주)가 성공적으로 대출을 받게 되면 대규모 금융기관으로부터 거액의 대출을 받았다는 점이 시장에서 호재로 작용하여 D창업투자(주)의 주가가 상승하고, 이렇게 되면 C창업투자(주) 또한 지분법상의 평가이익을 얻어 아직 A증권사에 대해 상환하지 못하고 있는 300억 원 또한 상환할 수 있게 될 것이라는 판단 하에, B종금사로 하여금 D창업투자(주)에 대출하도록 자신이 힘써 보아야겠다고 결심했다. 그리하여 甲은 B종금사의 영업담당이사에게 수회 전화를 걸어 B종금사가 D창업투자(주)에 600억 원을 대출할 수 있도록 힘써 달라는 취지의 이야기를 하였다. B종금사의 대표이사 乙은 영업담당이사로부터 D창업투자(주)에 600억 원을 지원해 달라는 甲의 부탁이 있었다는 이야기를 들은 후 대주주인 A증권사에서 양해가 된 사항으로 생각하고 D창업투자(주)에 대한 신용조사도 하지 않은 채 제대로 된 담보도 제공받지 않은 상태에서 600억 원을 대출해 주었다. 그러나 D창업투자(주)도 마찬가지로 600억 원의 대출금을 B종금사에 상환하지 못하였다.

관계법령

– **형법 제355조 제2항[배임]** 타인의 사무를 처리하는 자가 그 임무에 위배하는 행위로써 재산상의 이익을 취득하거나 제3자로 하여금 이를 취득하게 하여 본인에게 손해를 가한 때에는 5년 이하의 징역 또는 1천500만원 이하의 벌금에 처한다.

– **형법 제356조[업무상배임]** 업무상의 임무에 위배하여 제355조의 죄를 범한 자는 10년 이하의 징역 또는 3천만원 이하의 벌금에 처한다.

– **특정경제범죄가중처벌등에관한법률 제3조[특정재산범죄의 가중처벌]** ① 형법 제347조(사기)・제350조(공갈)・제351조(제347조

및 제350조의 상습범에 한한다) · 제355조(횡령, 배임) 또는 제356조(업무상의 횡령과 배임)의 죄를 범한 자는 그 범죄행위로 인하여 취득하거나 제3자로 하여금 취득하게 한 재물 또는 재산상 이익의 가액이 5억원 이상인 때에는 다음의 구분에 따라 가중처벌한다.

1. 이득액이 50억원 이상인 때에는 무기 또는 5년 이상의 징역에 처한다.
2. 이득액이 5억원 이상 50억원미만인 때에는 3년 이상의 유기징역에 처한다.

② 제1항의 경우 이득액 이하에 상당하는 벌금을 병과할 수 있다.

Ⅱ. 경영윤리와 법적 쟁점

1. 선진금융으로의 이행과 신용평가 중심의 대출

부실대출의 배임성을 판단하는데 있어 적절한 채권회수조치를 취했는가의 여부를 기준으로 하는 법원의 입장에 따를 때, 위 사안에서 甲에게는 업무상배임죄가 성립될 여지가 크다. D창업투자(주)에 대해 대출을 함에 있어 적절한 담보를 제공받지 않았고, 결국 채권을 회수하지 못하게 되었기 때문이다.

그러나 판례와 같이 적절한 채권회수조치의 여부를 기준으로 배임성을 판단하는 것은 우리나라의 금융현실이 선진금융에 가까워지면 가까워질수록 그 타당성을 갖기 어려워질 것이다. 왜냐하면 선진금융에서는 담보중심이 아닌, 신용평가중심의 대출이 이루어지고 있기 때문이다. 즉 선진금융에 있어서는 대출받는 회사의 자산에 대해 담보를 설정하고 대출을 해 주는 것보다는, 현금흐름이나 외국에서의 회사채발행 능력, 경영자의 자질과 같은 신용평가를 기준으로 대출이 행해지고 있다.[1] 이와 같은 대출현실의 변화는 이 사안을 종합적으로 평가하는 하나의 중요한 요소로서 고려되어야 할 것이다.

결국 甲의 행위가 윤리적인지 아니면 비윤리적인지의 문제는 적절한 채권회수조치를 취했는가가 아니라 대출결정이 합리적이었는가의 여부에 따라 결정되어야 할 것이다. 여기서는 경영판단의 원칙(business judgment rule)[2]이 고려되어야 한다. 경영판단의 원칙이란, 경영자가 선의(in good faith)와 상당한 주의(due care)로 자신의 권한 범위 내에서 행한 행위에 대해서는 그로 인해 만약 회사에 손해가 발생했다 할지라도 그에 대한 법적책임을 경영자에게 귀속시키지 않는 원칙을 말한다. 우리 법원도 금융기관의 부실대출이 문제된 일부 사안에서 이와 같은 경영판단의 원칙을 적용한 바 있다.[3] 따라서 기존 담보중심의 금융현실에서 보면 담보를 설정하지 않았다는 점에서 문제가 될 수 있는 사안도, 선진금융의 입장에서 보게 되면 이와 같은 사실만으로 이를 합리성이 결여된 대출결정이라고 단정 지을 수 없게 된다. 여기서의 합리성 판단은, 예컨대 정경유착이 완화되면 완화될수록 정치적 영향력에 따른 대출을 비합리적인 것으로 바라보는, 매우 정치적이고 역사적인 판단일 수밖에 없다. 이 사안이 발생한 시기가 선진금융으로의 이행이나 정경유착의 완화 면에서 매우 과도기적인 시기라고 가정할 때, A증권사가 C창업투자(주)

---

1) 낙후된 부동산담보 위주의 대출관행을 개선하고, 신용대출을 활성화하는 방향으로 대출관행을 선진화해야 한다는 견해로는 김대호/문성주, 「중소・벤처기업의 신용대출 활성화 방안」, 한국재무관리학회, 재무관리논총, 2005.

2) 경영판단의 원칙(business judgment rule)에 대한 자세한 설명은 D. J. Block, *The Business Judgment Rule*, ASPEN LAW AND BUSINESS, 1998 참조.

3) 대판 1987.3.10, 81도2026.

에 대출해 준 300억 원을 상환 받는 유일한 방법이 B종금사로 하여금 D창업투자(주)에 600억 원을 대출해주도록 하는 것이었다면, 甲의 대출결정은 합리적이었다고 보아야 할 것이다. 따라서 이러한 경우라면 — 임무에 위배된 행위가 아니라고 보든, 배임죄의 고의가 없다고 보든 — 업무상배임죄의 성립을 부정해야 할 것이다.

2. 법적 책임과 윤리적 책임의 괴리

B종금사의 대표이사인 乙은 영업담당이사로부터 D창업투자(주)에 600억 원을 지원해 달라는 甲의 부탁이 있었다는 이야기를 듣고 적절한 신용조사를 하거나 담보를 제공받음이 없이 D창업투자(주)에 600억 원을 대출해 주었다. 따라서 甲에 대해서와 마찬가지로 — 담보중심이 아닌 신용평가중심의 대출이 일반화되어 있는 선진금융의 입장에서 볼 때 그 타당성이 의심스럽긴 하지만 — 적절한 채권회수조치 여부를 기준으로 부실대출의 배임성을 판단하는 법원의 입장에 따를 경우 乙에게도 업무상배임죄가 성립될 것이다.

그러나 乙이 만약 甲의 부탁을 거절할 수 없었던 위치에 있었다면 이것이 乙의 책임에 어떤 영향을 미칠 수 있을지가 검토되어야 할 것이다. 여기서 乙이 甲의 부탁에 따르지 않을 것을 기대할 수 있는가는 A증권사가 B종금사에 대해 갖고 있는 지분율에 따라 매우 달라질 것이다. 사안에서 A증권사는 B종금사에 대해 27%의 지분을 소유하고 있었으므로 甲은 B종금사의 주주총회에서 대표이사의 임명을 좌우할 수 있는 위치에 있다고 볼 수 있고, 따라서 만약 乙이 甲의 부탁을 들어주지 않는다면 乙의 대표이사 유임은 불가능할 것이라고 예상할 수 있다. 이와 같은 상황에서는 '내가 乙의 입장이라 하더라도 달리 행동할 수 있었을까?'라는 책임윤리가 작동할 수 있다. 그러나 이와 같은 책임윤리가 법적 책임을 대체할 수 있는 것은 아니며, 따라서 乙은 단지 법적 책임과 윤리적 책임이 일치될 수 없는 상황에 놓여있게 된다. 다만 이와 같은 책임윤리는 법적책임을 부과하는 경우 정상참작사유로 인정될 수 있을 뿐이다.

Ⅲ. 참고 판례

1. 배임성 판단 기준으로서 채권회수조치 여부

법원은 부실대출의 배임성을 판단함에 있어 여신심사 여부가 아니라 담보설정 등과 같은 채권회수조치 여부를 그 기준으로 삼고 있다. 즉 금융기관의 경영자가 적절한 채권회수조치를 강구하지 않은 경우에는 업무상배임죄의 성립을 인정하는 반면, 적절한 채권회수조치를 취하여 실제로 채권을 회수한 경우에는 업무상배임죄의 성립을 인정하지 않는다.

> [채권회수조치의 미이행과 업무상배임죄의 성립] 금융기관의 대출에 있어 대출을 받는 자가 이미 채무변제능력을 상실하여 그에게 자금을 대여할 경우 회사에 손해가 발생하리라는 점을 충분히 알면서 이에 나아갔거나, 충분한 담보를 제공받는 등 상당하고도 합리적인 채권회수조치를 취하지 아니한 채 만연히 대여해 주었다면, 그와 같은 자금대여는 타인에게 이익을 얻게 하고 회사에게 손해를 가하는 행위로서 회사에 대하여 배임행위가 된다(대판 2000.3.14, 99도4923; 2002.7.26, 2001도4947).

[채권회수조치의 이행과 업무상배임죄의 불성립] 은행의 지점장 등 대출업무를 담당하는 자가 그 업무취급에 관한 은행의 관계 규정을 위반하여 담보물에 대한 대출한도액을 초과하여 대출하거나 담보로 할 수 없는 물건을 담보로 하여 대출을 하는 등 이른바 불량대출을 하였을 경우라도 그 대출에 따른 인적, 물적담보를 확보하여 그렇게 대출한 것이 회수할 수 없는 채권을 회수하여 실질적으로 은행에 이익이 되고 그것이 통상적인 업무집행 범위에 속하는 것으로 용인될 수 있는 것이라면 그 대출로 인하여 회수의 확실성이 없는 일부 채권이 발생하였다 하여 이를 가지고 대출업무 담당자로서의 채권확보조치를 하지 아니한 임무위반행위에 해당하거나 그와 같은 임무위반의 인식이 있었다고 볼 수 없는 것은 사실이나, 이와 같이 임무위반의 인식이 없었다고 보기 위해서는 그 불량대출로 인하여 종전의 회수할 수 없는 채권을 회수한 경우이어야 할 것이다(대판 2002.6.28, 2000도3716).

2. 부실대출에 따른 배임성 판단에서 경영판단원칙의 고려

법원은 금융기관의 부실대출이 문제된 사안에서 경영판단의 원칙을 적용하여 배임죄의 고의를 부정하기도 한다.

[경영판단원칙의 적용에 따른 배임죄 고의 성립의 부정] 업무상배임죄가 성립되려면 주관적 요건으로서 임무위배의 인식과 자기 또는 제3자의 이익을 위하여 본인에게 재산상의 손해를 가한다는 인식, 즉 배임죄의 범의가 있어야 할 것인바 …… 부정한 사례금의 수수나 정실관계 등이 개재되지 않았고 또 기업의 도산을 막고 정상적인 영업활동을 지원해 주려는 것 외에 별다른 범죄의 동기가 없었다면 자본구조가 취약하고 상환자원이 부족하며 기업경영이 위기에 처해 있었던 기업에 대하여 신규여신을 하였다는 점만으로는 은행장에게 업무상 배임죄의 범의가 있었다고 단정할 수 없다(대판 1987.3.10, 81도2026).

연습문제

A사의 대표이사인 甲은 B신용금고의 대표이사인 乙에게 100억원 상당의 대출을 부탁했다. 당시 A사와 A사의 계열사들은 B신용금고로부터 이미 223억원 상당의 이른바, 출자자대출을 받은 상태였다. 그럼에도 불구하고 乙은 당시 A사 계열사들의 영업상태가 양호한 편이었고, A사의 또 다른 계열사인 B, C, D사 등의 매각을 통해 A사의 유동성문제가 해소될 것으로 보고 대출을 해주기로 약속했다. 이에 乙은 이사 丙 및 감사 丁에게 기존의 대출절차를 거치지 않고, 담보도 받지 않은 채 대출이 이루어지도록 지시했다. 대출이 있은 후, A사는 차후에 이와 같은 대출이 법적으로 문제될 것을 우려하여 부산에 있는 31필지(공시지가 83억 원 상당)의 토지, A사가 가지고 있는 B신용금고의 주식 670만주(시가 102억 원 상당), 30억 원의 후순위 예금채권을 B신용금고에 담보로 제공했다.

[2] 애널리스트에 대한 기업공시

Ⅰ. 경영 사례

A(주)의 부회장 甲은 A(주)에 관한 업무를 담당하는 증권애널리스트 중 한 명인 乙과 점심식사를 하게 되었다. 乙은 그 자리에서 甲에게 요즘 A(주)가 M&A를 할 것이라는 루머가 시장에 나돌고 있는데 이것이 사실이냐고 물었고, 甲은 그와 같은 사실이 전혀 없다는 것을 알았음에도 불구하고 이에 대해 침묵했다. 그러나 乙은 A(주)와의 지속적인 교류 경험을 바탕으로 이와 같은 침묵이 긍정의 뜻을 나타낸다고 생각하고서는, A(주)에 대한 시장보고서에 M&A를 직접 언급하진 않았지만 A(주)의 사업영역이 크게 확대될 전망이라는 내용을 기재했다. 투자자 丙은 최근 시장에 A(주)의 M&A에 대한 루머가 나돌고 있는데다 A(주)의 사업영역이 크게 확대될 전망이라는 내용을 담은 乙의 시

장보고서까지 나오자, A(주)에 투자해야겠다는 마음을 먹고 A(주)의 주식을 주당 10,000원에 1,000주 매수했다. A(주)의 주가가 급등하자 당사자인 A(주)는 그 이유를 자체적으로 조사하게 되었고, 이 과정에서 A(주)도 사실과 다르게 작성된 乙의 시장보고서를 접하게 되었다. 그러나 A(주)는 이에 대해 어떠한 정정공시도 하지 않았다. 그 후 투자자 丁도 乙의 시장보고서를 접하고서는 A(주)의 주식을 주당 15,000원에 2,000주 매수하였다. 그러나 그 후 A(주)가 M&A를 할 것이라는 루머는 전혀 사실무근임이 밝혀졌고, 이로 인해 주가는 5,000원까지 폭락하게 되었다.

관계법령

– 증권거래법 제14조[허위기재 등으로 인한 배상책임] ① 유가증권신고서와 제12조의 규정에 의한 사업설명서(예비사업설명서 및 간이사업설명서를 포함)중 허위의 기재 또는 표시가 있거나 중요한 사항이 기재 또는 표시되지 아니함으로써 유가증권의 취득자가 손해를 입은 때에는 다음 각호의 자는 그 손해에 관하여 배상의 책임을 진다. 다만, 배상의 책임을 질 자가 상당한 주의를 하였음에도 불구하고 이를 알 수 없었음을 증명하거나 그 유가증권의 취득자가 취득의 약정시에 그 사실을 안 때에는 그러하지 아니하다.

1. 당해 유가증권신고서상의 신고자와 신고당시의 당해 법인의 이사(법인의 설립 전에 신고된 때에는 그 발기인)
2. 당해 유가증권신고서의 기재사항 또는 그 첨부서류가 진실 또는 정확하다고 증명하였거나 서명한 공인회계사·감정인 또는 신용평가를 전문으로 하는 자
3. 당해 발행인과 당해 유가증권의 인수계약을 체결한 자
4. 당해 사업설명서를 작성하거나 교부한 자
5. 매출의 방법에 의한 경우 매출신고당시의 당해 매출되는 유가증

권의 소유자

- **증권거래법 제186조의5[준용규정]** 제8조 제2항, 제11조 제1항 내지 제3항, 제14조 내지 제16조, 제18조, 제19조 및 제20조의 규정은 사업보고서, 반기보고서 및 분기보고서의 경우에 이를 준용한다.

위반시 형사처벌:
5년 이하의 징역 또는 3천만원 이하의 벌금 (증권거래법 제207조의3 제2호)

- **민법 제750조[불법행위의 내용]** 고의 또는 과실로 인한 위법행위로 타인에게 손해를 가한 자는 그 손해를 배상할 책임이 있다.

Ⅱ. 경영윤리와 법적 쟁점

1. 자본시장 참여자로서 애널리스트의 책임

애널리스트는 통상 증권의 발행인, 증권시장, 일반적인 경제상황 등에 관한 새로운 정보를 발굴해내는 역할을 수행한다.[4] 현재 법실무에서 애널리스트 乙의 시장보고서를 믿고 투자했다가 큰 손해를 입은 투자자 丙과 丁이 애널리스트 乙을 상대로 손해배상을 청구하는 예는 찾아볼 수 없다. 그러나 이는 부실감사로 인한 공인회계사의 손해배상책임과 현저한 차이를 보인다.

공인회계사는 애널리스트와 달리 ① 감사보고서에 중요한 사항을 기재하지 않거나 허위의 기재를 한 경우에는 「주식회사의

4) 증권시장에서의 애널리스트의 역할에 대해서는 Paul P. Brountas Jr., "Rule 10b-5 and Voluntary Corporate Disclosure to Securities Analysts", *Columbia Law Review,* Vol. 92, No. 6.(Oct., 1992), pp. 1519~1520 참조.

외부감사에 관한 법률」 제17조 제2항의 부실감사책임을 부담할 뿐 아니라, ② 기업(발행인)이 작성한 허위의 공시서류에 대해 그 내용이 진실 또는 정확하다고 증명하거나 서명한 경우 「증권거래법」 제14조의 부실공시책임을 부담한다. 그리고 이러한 두 가지 경우에 공인회계사가 부담하는 손해배상책임의 범위는 투자자의 손해액 전체에 미친다.

투자자의 입장에서는 애널리스트의 시장보고서나 공인회계사의 감사보고서 모두 투자판단을 내림에 있어 중요한 고려사항들인데, 허위의 시장보고서를 작성한 애널리스트들에게는 법적책임을 부담시키지 않고, 허위의 감사보고서를 작성한 공인회계사에 대해서만 법적책임, 그것도 투자손해액 전체에 대한 책임을 부담시키는 것이 과연 정당한 것인가에 대해서는 의문의 여지가 있을 수 있다.

그러나 만약 애널리스트가 이와 같이 허위의 시장보고서를 작성함에 있어 고의 또는 중과실이 있었다면, 애널리스트에게도 손해배상책임을 인정할 여지가 있다. 이 경우 애널리스트의 손해배상책임은 「민법」 제750조의 일반불법행위책임 조항으로부터 도출될 수 있을 것이다.

2. 애널리스트의 허위의 시장보고서 작성에 기여한 기업의 책임

기업(유가증권 발행인)의 경우에는 당해 기업이 작성한 유가증권신고서, 사업설명서, 사업보고서, 반기보고서, 분기보고서 등에 허위의 기재 또는 표시가 있거나 중요한 사항이 기재 또는 표시되지 않은 경우, 「증권거래법」 제14조, 제186조의5에 의해 손해배상책임을 부담할 뿐 아니라, 동법 제207조의3 제2호에 의해 형사제재를 받는다. 그러나 사안의 경우에는 A(주) 자신이 유가증권신고서 등 공시서류에 허위의 공시를 한 것은 아니라는 점에서 — 법적인 의미에서 — A(주)에게 허위공시책임을 인정할 수는 없을 것이다. 그러나 A(주)의 부회장인 甲이 乙의 질문에 아무런 대답도 하지 않고 침묵으로 일관한 것이, 애널리스트 乙에 의한 허위의 시장보고서 작성에 어느 정도 기여한 것으로 인정될 경우 A(주)에게도 일정한 책임이 인정될 여지가 있다.

기업실무를 들여다보면 기업이 애널리스트와 관계를 맺는 것은 늘 있는 일임을 알 수 있다. 기업과 애널리스트 간의 이와 같은 교류는 한편으로는 기업정보를 애널리스트에게만 제공함으로써 정보의 공평성을 해하는 면이 있는가 하면, 다른 한편으로는 애널리스트가 기업으로부터 제공받은 정보를 전문적으로 분석해서 투자자들이 투자에 이용할 수 있는 정보로 가공한다는 면에서 투자정보의 창출이 효율화되는 측면도 있다. 따라서 기업과 애널리스트의 교류에서는 공평성과 효율성 사이의 갈등을 발견할 수 있다.

여기서 정보의 공평성만을 강조한다면 애널리스트에 대한 선별적 정보제공을 완전히 금지하게 될 것이고, 정보의 효율성만을 강조한다면 아무런 제한 없이 애널리스트에게 미공개정보를 제공하는 것이 가능하게 될 것이다. 우리 실무는 기업이 애널리스트에게 선별적으로 정보를 제공하는 것 자체를 금지하고 있지는 않다. 그러나 증권선물거래소의 「유가증권시장공시규정」 제12조에 따르면, 기업이 만약 장래 사업계획이나 경영계획 등의 정보를 애널리스트에게 선별적으로 제공하는 경우, 기업은 그 사실 및 내용을 거래소에 신고하여 일반투자자들에게도 그 정보를 공개하도록 하고 있다(공정공시).

기업과 애널리스트와의 이와 같은 일상적 교류를 감안할 때, 사안에서 乙의 질문에 甲이 침묵으로 일관한 것은 乙의 입장에서 '긍정'의 답변으로 이해될 여지가 매우 크다고 하겠다. 그렇다면 이 사안은 '이론적'으로는 허위/선별공시에 해당하게 된다. 기업의 윤리만을 강조하는 입장은 아마도 허위/선별공시를 통해 정보의 공평성을 해한 A(주)에 대해 투자자 丙 및 丁이 입은 모든 손해를 배상하라는 주장으로 나아갈 것이다. 반대로 정보의 효율성을 강조하는 입장은 이와 같은 경우까지 A(주)에 손해배상책임을 인정하게 되면 기업들은 애널리스트에 대한 정보제공을 꺼리게 될 것이고, 그렇게 되면 증권시장에 살아 있는 정보가 제공되지 못하게 될 것이라는 우려를 바탕으로 A(주)의 손해배상책임을 부정하려 할 것이다.

법은 이와 같이 갈등 관계에 서 있는 윤리와 효율성 사이에서 균형을 잡아 주어야 할 필요가 있다. 이와 같은 균형추로 작동할 수 있는 것이 바로 — 물론 법적인 의무는 아니지만 — 정정공시의무[5]이다. 사안의 경우에는 A(주)가 乙의 시장보고서에 허위의 내용이 기재되어 있음을 알게 된 시점에 A(주)에 정정공시의무가 발생한다고 볼 수 있을 것이다. 따라서 A(주)의 법적책임은, 정정공시의무가 발생하기 전에 주식을 매수한 투자자 丙에 대해서는 손해배상책임을 지지 않지만, 정정공시의무가 발생하였

5) 미국 연방 제2순회 항소법원은 일반적으로 기업은 제3자의 허위표시를 수정할 의무를 부담하지 않지만, 기업이 허위보고서에 충분하게 관련되었거나 연루되었을 경우에는 이와 같은 의무가 기업에 귀속될 수 있다고 판시하였다(Elkind v. Liggert & Myers 635 F.2d 156[2d cir. 1980]).

음에도 그 의무를 이행하고 있지 않은 상태에서 주식을 매수한 투자자 丁에 대해서는 손해배상책임을 지는 것으로 합리적으로 제한될 수 있을 것이다. 그러나 이와 같이 합리적으로 제한된 법적책임도 기업인들의 입장에서 보면 아직 경영윤리적 책임으로는 받아들여지지 않을 것이다.

Ⅲ. 참고 판례

현재 법실무에서는, 허위의 시장보고서가 작성되는데 애널리스트의 고의 또는 중과실이 있었다 하더라도, 이러한 허위의 시장보고서를 믿고 투자한 투자자들이 그로 인해 입은 손해에 대해 애널리스트에게 손해배상을 청구할 수 없다. 그러나 이와는 달리 투자자들이 기업의 허위공시나 공인회계사의 부실감사를 믿고 투자하여 손해를 본 경우, 기업 및 공인회계사는 투자자들의 투자손실액 전체에 대해 배상책임을 부담한다.

> [기업의 허위공시책임] 계속기업으로서 존속 여부, 특히 감사보고서에 특기사항으로 기술한 경우의 그것은 평균적인 신중한 투자자가 증권을 매수하기 전에 당연히 알아야 하는 것이 합리적인 사항, 또는 모든 정황을 고려하여 합리적인 투자자가 당해 증권의 취득 여부를 결정함에 있어서 중요하다고 생각할 상당한 가능성이 있는 사항에 해당한다고 할 것이므로 감사보고서상 특기사항으로 '계속기업으로서 존속 여부에 불확실성이 존재할 수 있다'고 기재되어 있었음에도 발행회사가 유가증권신고서에 이를 표시하지 아니하고 '해당사항 없음'으로 기재한 것은 구 증권거래법 제14조 소정의 '유가증권신고서 중 허위의 기재 또는 표시가 있거나 발행인이 중요한 사항을 기재 또는 표시하지 아니한 경우'에 해당한다(서

울지법 2000.11.23, 2000나32740).

[공인회계사의 부실감사책임] 주식거래에서 대상 기업의 재무상태는 주가를 형성하는 가장 중요한 요인 중의 하나이고, 대상 기업의 사업보고서의 재무제표에 대한 외부감사인의 회계감사를 거쳐 작성된 감사보고서는 대상 기업의 재무상태를 드러내는 가장 객관적인 자료로서 일반투자자에게 제공·공표되어 그 주가형성에 결정적인 영향을 미치는 것이어서, 주식투자를 하는 일반투자가로서는 그 대상 기업의 재무상태를 가장 잘 나타내는 사업보고서의 재무제표와 이에 대한 감사보고서가 정당하게 작성되어 공표된 것으로 믿고 주가가 당연히 그에 바탕을 두고 형성되었으리라는 생각 아래 대상 기업의 주식을 거래한 것으로 보아야 할 것이다(서울고법 2006.1.18, 2005나22673, 22680).

연습문제

1978년 12월, A사와 B사는 두 기업을 합병하기로 하는 합의에 이르렀다. A사와 B사의 대표들은 이와 같은 합의에 이르기 2년 전부터 수차례 모임을 갖고 이러한 합병의 가능성에 대해 의견을 교환해 왔었다. 그럼에도 불구하고 이 기간 동안 A사는 어떠한 합병교섭도 발생하지 않았으며, 자사의 주식에 대해 대규모 거래가 일어날만한 회사진전이 없는 것으로 안다는 취지의 공적 발언을 세 차례나 행한 바 있다. A사가 최초로 합병교섭이 발생한 바 없다는 취지의 발언을 한 시점과 합병공시 바로 직전인 A사 주식에 대한 거래정지 시점 사이에 A사의 주식을 매도한 甲 등 A사의 이전 주주들은, A사와 B사 사이에 합병합의가 체결된 사실을 알고는 A사 및 A사의 몇몇 이사들을 상대로 집단소송

(class action)을 제기했다. 이들은 A사의 이와 같은 발언이 허위 또는 오해를 유발하는 것으로 1934년 증권거래법 Section 10(b) 및 SEC Rule 10b-5에 위배되고, 자신들은 이로 인해 현저하기 낮은 가격에 주식을 매도함으로써 손해를 입었다고 주장했다.

[3] 신용카드회사의 부실

Ⅰ. 경영 사례

A신용카드사는 1992년 12월 7일부터 일주일간 서울 소재 H대학 근처에서 카드회원 모집행사를 실시하였다. A사는 카드회원 2000명 돌파를 목적으로 '주부, 대학생 대환영'이라는 광고를 비롯해, 사은품 행사를 실시하는 등 회원 모집에 매진하였다. 이 기간 중 H대학교 1학년 학생인 甲은 신용카드를 발급받으면 사은품으로 핸드폰 고리를 받을 수 있다는 A신용카드사 사원의 권유를 받고 A신용카드 1장을 발부받았다. 당시 甲은 학생 신분으로 일정한 수입이 없어 부모님께 용돈을 타서 생활하는 상태였음에도 불구하고, A신용카드사는 '카드회원 2000명 모집'이라는 목표를 달성하기 위해 甲의 재정 상태를 제대로 조사하지도 않은 채 甲에게 신용카드를 발급해 주었다. 甲은 신용카드를 발급

받은 후, 백화점에서 그동안 너무나 갖고 싶었던 고가의 시계, 옷, 신발 등 총 합계 1,000만원 상당의 물품을 구입했을 뿐 아니라, 마침 평소 얼굴에 난 여드름 때문에 고민을 하고 있던 여자 친구의 생일이 다가오자 여자 친구를 위해 300만원 상당의 피부 클리닉 6개월 이용권을 결제해 주었고, 자신의 유흥비 마련을 위해 S은행의 현금자동지급기에서 A신용카드를 이용해 500만원 상당의 현금서비스를 받았다. 그 후 甲은 A카드회사가 보낸 카드대금청구서 이메일을 열어 보고는 엄청난 액수에 놀라 혼자 끙끙 앓다가 결제일을 훌쩍 넘겨버리게 되었고, A카드회사는 甲을 사기죄로 고소했다.

관계법령

- **형법 제347조 제1항[사기]** 사람을 기망하여 재물의 교부를 받거나 재산상의 이익을 취득하는 자는 10년 이하의 징역 또는 2천만원 이하의 벌금에 처한다.

Ⅱ. 경영 윤리와 법적 쟁점

1. 신용카드체계의 구조와 위험분배

오늘날 신용카드거래의 순환적 현상은 이미 신용카드'체계'를 말할 수 있는 단계에까지 이르고 있다.6) 이와 같은 신용카드'체

6) 연도별 신용카드 이용실적은 1990년에 12조 6천억원이었던 것이, 2000년에는 224조 9천억원, 2001년에는 443조 4천억원, 2002년에는 622조 9천억원, 2003년에는 480조 5천억원, 2004년에는 357조 8천억원, 2005년에는 363조 8천억원, 2006년에는 368조 3천억원, 2007년에는 398조 2천억원으로 증가했다(여신금융협회, 「신용카드 업계현황」, 2008. 3. 참조).

계'는 신용카드회사, 신용카드회원, 가맹점이란 세 주체의 이익과 위험을 대칭적으로 분배함으로써 유기적으로 결합되어 있다. 아래 그림은 신용카드'체계'를 구성하고 있는 세 주체 사이의 이익과 위험이 어떻게 분배되고 있는가를 보여준다.

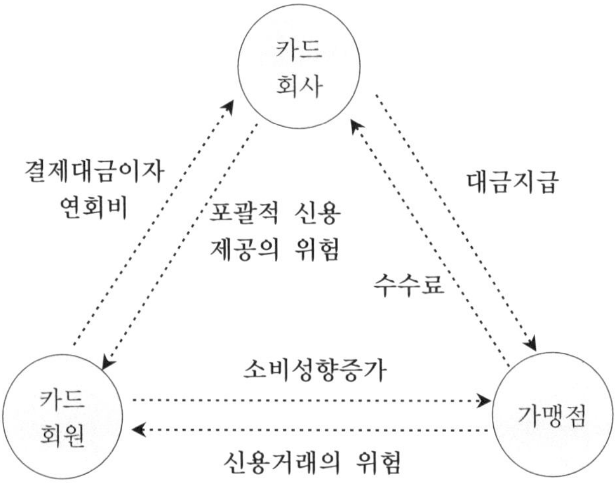

〈신용카드체계의 구조〉

세 주체간의 교환관계는 크게 신용카드회사와 카드회원의 관계, 가맹점과 신용카드회사의 관계, 카드회원과 가맹점의 관계로 나누어 볼 수 있다. 우선 신용카드회사와 카드회원간의 관계를 살펴보면, 신용카드회사는 카드회원으로부터 연회비와 수수료를 받는 대신, 카드회원의 대금미결제 손실을 떠안는 위험부담을 감수해야만 한다. 다음으로 카드회원과 가맹점간의 관계에서, 가맹점은 증가된 소비성향으로 인해 매출을 신장시킬 수 있는 이익을 얻는 반면, 미리 상품 및 서비스를 소비자(카드회원)에게 제공해야 하는 신용거래의 부담을 짊어진다. 마지막으로 신용카드회사와 가맹점의 관계에서 가맹점은 카드회사로부터 신용판매대금을 결제 받는 이익을 누리는 반면, 신용카드회사에게 수수료를 지급해야 하는 의무를 부담한다.

2. 카드회원에 대한 사기죄 귀속과 위험분배의 실패

위에서 살펴본 바와 같이 신용카드체계는 그 체계를 구성하는 세 주체간의 이익과 위험이 대칭적으로 분배되어야만 유지될 수 있다. 그러나 우리 판례와 같이 대금결제의 의사와 능력이 없음에도 불구하고 카드를 발급 받고 이를 이용하여 재화나 용역을 제공받은 카드회원에 대해 사기죄의 귀속을 인정하는 입장[7]은, 이와 같은 대칭적 위험분배를 불가능하게 한다. 이와 같은 판례의 입장에 따르면, 카드회원에게는 자신의 대금결제 의사 및 능력을 카드회사에게 진실하게 고지할 의무를 인정하게 되는 반면, 카드회사에게는 이에 대응하는 아무런 의무(예컨대, 카드회원에 대한 신용조사를 성실히 행할 의무)도 부담시키지 않게 되기 때문이다. 즉, 우리 대법원은 자신의 대금결제 의사와 능력을 정직하게 고지하여 진실 되게 거래에 임해야 한다는 개인의 윤리성만을 너무 강조한 채, 카드회사의 경영윤리는 망각하고 있다.

이와 같은 비대칭적 위험분배는 개인으로 하여금 신용카드체계의 구성원으로서 활동할 의지를 약화시키고, 결국 신용카드체계의 위축을 초래하게 될 것이다. 더욱이 카드회사는 개인인 카드회원에 비해 경제적 강자로서 신용카드체계의 원활한 운용을 위해 더 많은 의무와 위험을 부담해야 함에도 불구하고, 판례와

7) 대판 1996.4.9, 95도2466.

같은 입장은 신용카드회사의 윤리경영 및 신용카드체계의 윤리성 확보에 오히려 큰 장애물로 작용하게 될 것이다.

3. 진정한 경영윤리의 제고

따라서 신용카드회사에게는 회원들의 신용평가를 성실히 하여 신용카드체계가 정상적으로 작동할 수 있도록 기여할 의무를 인정해야 할 것이다. 과거 신용카드회사들은 카드회원 수를 늘리는 데 급급하여 무분별하게 카드발급을 남발하였고, 그 결과 미결제 대금이 기하급수적으로 증가하여 카드회사의 부채가 늘어나고, 아울러 신용을 중핵으로 하는 신용카드체계의 운용 자체에 큰 타격을 입힌 바 있다. 그 후 신용카드회사들 스스로 성실한 신용평가를 통해 불량회원을 통제해야 한다는 윤리경영에 대한 목소리를 높이게 되었다.

그러나 현재 신용카드회사들의 불량회원에 대한 통제 및 신용평가 역시 진정한 윤리경영의 맥락에서라기보다는, 신용카드회사의 브랜드 가치를 높이기 위한 상업적 목적에서 벗어나지 못하고 있는 듯하다. 즉 신용카드체계의 존속 및 원활한 운용을 위한 토대로써의 신용평가가 아니라, 소득수준에 따라 카드를 차등화 함으로써 이를 브랜드화하려는 경영전략이 그 배후에 깔려 있다. 예컨대 직업, 소득 수준 등을 평가하여 일부 고소득층에게만 특정 카드를 발급해 줌으로써, 고급 이미지 전략을 실현하는 것이 그 한 예이다. 이와 같은 브랜드 고급화는 다시 대다수의 서민들에게 카드사의 고급 이미지를 각인시키고, 카드 발급 마케팅으로서의 역할을 하고 있다.

그러나 이처럼 경영전략의 일환으로 행해지는 신용평가만으로는 과거와 같은 신용대란의 위험을 완전히 해소할 수 없다. 따라서 신용카드체계의 한 구성원으로서 신용카드회사는 마케팅전략의 일환으로서가 아니라, 경영윤리의 일환으로서 자신의 의무(즉, 회원들의 신용평가)를 충실히 이행함으로써 신용카드체계의 책임있는 구성원으로 임해야 할 것이다.

Ⅲ. 참고 판례

1. 불량회원에 대한 사기죄 귀속

판례에 의하면, 대금결제의 의사와 능력이 없음에도 불구하고 카드를 발급 받고 이를 이용하여 재화와 용역을 제공받은 甲의 행위는 사기죄의 포괄일죄에 해당한다.

[사기의 포괄일죄 인정] 카드사용으로 인한 대금결제의 의사와 능력이 없으면서도 있는 것 같이 가장하여 카드회사를 기망하고, 카드회사는 이에 착오를 일으켜 일정한도 내에서 카드사용을 허용해 줌으로써 피고인은 기망당한 카드회사의 신용공여라는 하자 있는 의사표시에 편승하여 자동지급기를 통한 현금대출도 받고, 가맹점을 통한 물품구입대금 대출도 받아 카드 발급회사로 하여금 같은 액수 상당의 피해를 입게 함으로써, 카드사용으로 인한 일련의 편취행위가 포괄적으로 이루어지는 것이다. 따라서 카드사용으로 인한 카드회사의 손해는 그것이 자동지급기에 의한 인출행위이든 가맹점을 통한 물품구입행위이든 불문하고 모두가 피해자인 카드회사의 기망당한 의사표시에 따른 카드발급에 터잡아 이루어지는 사기의 포괄일죄에 해당된다(대판 1996.4.9, 95도2466).

2. 대칭적 위험분배를 고려한 판례

기존 대법원 판례의 입장에 따를 경우, 신용카드회사와 카드회원간의 권리·의무가 비대칭적으로 분배되는 문제점을 인식하고, 개인인 카드회원의 고지의무를 인정하지 않는 지방법원 판례도 있다. 이 판례는 신용카드체계에서의 대칭적 위험분배에 대한 문제의식을 고취시킨다는 점에서 의미가 있다.

> [개인의 진실 고지의무 불인정] 피고인에게 신용카드를 사용할 당시에 자신의 재산상태를 신용카드 회사에게 고지하여야 할 의무가 있는지에 관하여, 피고인과 위 신용카드회사 사이의 카드발급 당시의 약정이 없는 한, 이러한 고지의무를 인정하여 국가의 형벌권이 사경제영역에 속하는 금융질서에 적극적으로 개입하게 되면, 그 자체가 국가권력에 의한 개인의 자유영역에 대한 과도한 침해의 우려를 안고 있음은 물론 신용조사 등에 관한 금융기관의 도덕적 해이를 초래함으로써 금융기관의 자생력을 저해하고 건전한 금융질서의 형성에도 악영향을 끼칠 수도 있으므로, 사회상규에 기초하여 이러한 고지의무를 인정하기도 어렵다(대전지방법원 2003. 8.29, 2003노1492).

연습문제

일정한 수입이 없는 甲은 신용카드 대금을 지불할 능력과 의사가 없음에도 불구하고 2000년 8월 초순경 마치 신용카드대금을 제대로 납부할 것처럼 가장하여 A신용카드사 직원인 乙에게 A신용카드의 발급을 신청하였다. 乙은 甲이 일정한 수입과 직업이 없음을 확인했지만, 甲이 아르바이트를 통해 대금을 납부할 수 있다는 말을 믿고, 甲에게 A신용카드 1매를 발급해주었다. 같은 해 11월 16일 甲은 식당에서 40,000원 상당의 음식을 주문하여 먹고 그 대금을 A신용카드로 결제한 것을 비롯하여, 2002년 12월 26일 까지 총 109회에 걸쳐 합계 7,900만원 상당의 물품을 구입하고, 현금서비스를 받았다. 甲은 신용카드 대금 중 5,400만원만을 변제하고, 나머지 2,500만원은 변제하지 않았다.

[4] 분식회계

Ⅰ. 경영 사례

A(주)는 국내건설경기의 침체 및 차입금 과다로 인한 금융비용의 부담 과중, 자생력 없는 계열사들에 대한 계속된 자금지원, 재고자산 과다 보유 등 부실요인이 가중되어 1994 회계연도 가결산 결과 수십억 원의 당기순손실이 발생하였다. 그럼에도 불구하고 A(주)는 마치 당기순이익이 있는 것처럼 결산, 공시하기 위해 회계팀장 甲으로 하여금 각 공사현장의 공사진행률을 과다하게 선인식함으로써 최소 141억 원 이상의 매출을 과대계상하는 방법으로 마치 당기순이익이 136억여원 상당 시현된 것처럼 허위의 재무제표를 작성하도록 하고, 이를 한 일간지에 공시하도록 하였다. 그 후 A(주)는 자금부직원 乙로 하여금 B은행의 대출담당 직원에게 외화대출을 신청하면서 허위로 작성된 94 회계연도

재무제표 및 감사보고서, 이 재무제표에 기하여 평가된 신용평가기관의 신용평가등급 등을 제출하도록 하여, B은행으로부터 77억, 같은 방법으로 C은행으로부터 210억 원을, D은행으로부터 50억 원을 대출금 명목으로 교부받았다.

관계법령

- 증권거래법 제14조[허위기재 등으로 인한 배상책임] ① 유가증권신고서와 제12조의 규정에 의한 사업설명서(예비사업설명서 및 간이사업설명서를 포함)중 허위의 기재 또는 표시가 있거나 중요한 사항이 기재 또는 표시되지 아니함으로써 유가증권의 취득자가 손해를 입은 때에는 다음 각호의 자는 그 손해에 관하여 배상의 책임을 진다. 다만, 배상의 책임을 질 자가 상당한 주의를 하였음에도 불구하고 이를 알 수 없었음을 증명하거나 그 유가증권의 취득자가 취득의 약정시에 그 사실을 안 때에는 그러하지 아니하다.

1. 당해 유가증권신고서상의 신고자와 신고당시의 당해 법인의 이사(법인의 설립 전에 신고된 때에는 그 발기인)

2. 3. 4. 5. (생략)

- 증권거래법 제186조의5[준용규정] 제8조 제2항, 제11조 제1항 내지 제3항, 제14조 내지 제16조, 제18조, 제19조 및 제20조의 규정은 사업보고서, 반기보고서 및 분기보고서의 경우에 이를 준용한다.

위반시 형사처벌:
5년 이하의 징역 또는 3천만원 이하의 벌금 (증권거래법 제207조의3)

- 증권관련 집단소송법[적용범위] ① 증권관련집단소송의 소는 다음 각호의 1에 해당하는 손해배상청구에 한하여 제기할 수 있다.

1. 증권거래법 제14조의 규정에 의한 손해배상청구
2. 증권거래법 제186조의5의 규정에 의하여 사업보고서·반기보고서 및 분기보고서에 준용되는 동법 제14조의 규정에 의한 손해배상청구
3. 4. (생략)

Ⅱ. 경영윤리와 법적 쟁점

1. 분식회계의 유형 및 제재

엄격한 의미에서 분식(粉飾) 없는 회계란 있을 수 없다. 다만 분식이 많은지 적은지, 분식이 실수로 행해진 것인지 아니면 의도적으로 행해진 것인지, 또는 분식이 투자자의 투자판단에 있어 중요한 것인지 중요하지 않은 것인지 하는 차이만이 있을 뿐이다.

이와 같은 분식회계의 유형은 모두 네 가지로 나누어볼 수 있는데, ① 회계학적 재량, ② 사소오류, ③ 중대오류, ④ 허위가 바로 그것이다. 회계학적 재량(①)의 대표적인 예로는 이익유연화를 들 수 있고, 사소오류(②)는 과실의 형태로 약간의 오류가 있지만 그것이 투자자의 투자판단에 그리 중요한 영향을 미치지는 않는 경우, 중대오류(③)는 사소오류(②)와 달리 과실형태의 오류가 투자자의 투자판단에 중요한 영향을 미치는 경우, 허위(④)는 실제로는 채권이 없음에도 불구하고 채권이 100억원이 있는 것처럼 재무제표를 작성하는 경우와 같이 고의적으로 사실과 다른 내용을 꾸며내는 경우를 각각 가리킨다.

현행 「증권거래법」 및 「증권관련 집단소송법」에 따르면 위

네 가지 유형의 분식회계는 모두 ⓐ 금융감독위원회의 행정제재, ⓑ 민사상의 손해배상책임, ⓒ 형사책임, ⓓ 집단소송의 대상이 된다. 그러나 이는 개념상 분식회계에 해당하기만 하면, 위의 네 가지 제재가 모두 가해져야 한다고 보는 윤리적 사고와 맥을 같이 한다. 그러나 위에서 언급한 바와 같이 엄격한 의미에서 분식(粉飾) 없는 회계란 존재할 수 없다는 경영현실을 고려할 때, 분식회계의 유형에 따른 차등 없이 모든 유형의 분식회계에 대해 네 가지 제재를 모두 가할 수 있도록 한다면 경영은 애초부터 불가능하게 될 것이다.

2. 분식회계의 유형에 따른 제재의 차등화

따라서 분식회계 각각의 유형에 따른 제재의 차등화가 모색되어야 한다. 바람직한 차등화의 모습은 아마도 아래의 표와 같은 모습을 띠게 될 것이다.

(음영부분=A, 음영없는 부분=B)

	ⓐ 금감위 제재	ⓑ 손해배상	ⓒ 형벌	ⓓ 집단소송
① 회계학적 재량				
② 사소한 오류				
③ 중대한 오류				
④ 허위			+ 고의	+불법이득의사

↑ 법적 제재의 상한선

〈분식회계의 유형에 따른 제재〉

금감위의 행정제재(ⓐ)는 사소오류(②), 중대오류(③), 허위(④)의 경우에만 인정하고, 회계학적 재량(①)은 그 대상에서 제외되어야 한다. 평가에 있어서의 다원성을 고려할 때, 금년에는 이익을 소극적으로 평가하고 내년에는 이익을 적극적으로 평가하는 것과 같은 이익의 유연화가 인정되지 않는다면 경영 그 자체가 어려움에 처하게 될 것이기 때문이다.

민사상 손해배상책임(ⓑ)의 대상영역은 투자자의 투자판단에 있어 중요성을 갖는가를 기준으로 정해져야 할 것이다. 이에 따르면 투자판단에서 중요성을 갖는 중대오류(③) 및 허위(④)만이 그 대상이 된다. 그러나 이 경우에도 그 배상책임의 범위를 어디까지로 할 것인가가 다시 문제되지 않을 수 없다. 우리 법제는 「증권거래법」 제15조를 통해 알 수 있는 바와 같이 투자실패 전체에 대한 배상책임을 인정하고 있다. 그러나 분식회계를 통해 투자자에게 끼친 손해가 있다면 그것은 단지 투자정보권에 대한 침해일 뿐이다. 따라서 여기서의 손해배상책임은 투자정보권의 침해에 대한 배상책임으로 제한되어야지 투자실패에 대한 책임 전체로 확대되어서는 안 될 것이다.

형사책임(ⓒ)은 과실에 의한 오류, 즉 사소오류(②) 및 중대오류(③)에서 한 발짝 물러서서, 단지 고의에 의한 허위(④)만을 그 대상으로 해야 할 것이다.

여기서 한 걸음 더 나아가 집단소송은 허위(④)에 대해 고의뿐 아니라 적극적인 불법이득의사가 있는 경우, 즉 분식을 통해 경영위기를 극복해 나가려는 경우가 아니라 경영자 자신의 개인적 이익을 도모하려는 경우에 대해서만 인정되어야 할 것이다. 이는 증권집단소송제가 소송에서의 사회국가적 기획이 될 위험을 안고 있다는 우려[8]에 의해 정당화될 수 있다.

3. 분식회계 영역에서 새로운 경영윤리의 발견

과거 탈법경영의 시대에는 A영역(위 그림의 음영 부분)에 대해서마저도 법적 통제가 가해지지 않았으며, 이는 과도한 분식회계의 관행을 낳았다. 그러나 오늘날의 세계시장에서 이렇게 해서는 기업경영의 지속이 불가능하게 되었다. 즉 오늘날 A영역을 법적으로 통제하는 것은 지속가능한 기업경영을 도모하기 위함이다. B영역(위 그림의 음영 없는 부분)을 법적으로 통제되지 않는 상태로 놔두는 것 또한 지속가능 경영을 가능하게끔 하기 위함이다. B영역에 대해 법적책임을 인정한다면 이는 과도한 법적 통제가 되어 과도한 분식회계 관행과 마찬가지로 지속가능한 경영을 불가능하게 만들 것이기 때문이다. 따라서 모순적으로 들릴지 모르나, B영역에 있어서는 분식(粉飾)이라는 것이 "지속가능 경영"의 한 요소가 된다.

Ⅲ. 참고 판례

1. 분식회계와 손해발상 간의 인과관계에 대한 입증책임

일반민법상 불법행위책임(민법 제750조)의 경우에는 원고인

8) 이와 같은 우려는 특히 분식회계의 경우 집단소송의 대상이 되는 범위가 불분명하다는 점에 의해 한층 강화될 수 있다. 분식회계의 경우 집단소송의 대상이 되는 범위가 불명확하여 금융감독원의 사소한 행정지도의 경우에도 집단소송의 대상이 될 수 있고 이로 인해 소송과잉의 문제가 발생할 수 있다는 지적으로는 박정우/정래용, 「증권집단소송제에 따른 감리제도 개선방안에 관한 연구」, 한국상사법학회, 상사법연구 제25권 제3호(2006), 225쪽.

투자자가 인과관계에 대한 입증책임을 부담한다. 그러나 증권거래법상의 손해배상책임(제186조의5, 제14조)을 청구하는 경우, 현행 법제 및 판례는 분식회계와 손해발생간의 인과관계에 대한 입증책임을 원고인 투자자가 아닌 피고인 발행기업에게 부담시키고 있다.

[입증책임의 전환] 제186조의5에 의하여 준용되는 법 제14조의 규정에 의하여 유가증권의 취득자가 주권상장법인 등에 대하여 사업보고서의 허위기재 등으로 인하여 입은 손해의 배상을 청구하는 경우에 유가증권의 취득자는 법 제15조 제2항의 규정에 따라 사업보고서의 허위기재 등과 손해발생 간의 인과관계의 존재에 관하여 입증할 필요가 없고, 주권상장법인 등이 책임을 면하기 위하여 이러한 인과관계의 부존재를 입증하여야 한다 할 것이다(대판 2002.10.11, 2002다38521).

2. 분식회계를 이용한 시세조종행위

분식회계는 그 자체만으로도 금융감독위원회에 의한 행정제재, 증권거래법상의 손해배상책임, 증권거래법상의 형사책임, 증권집단소송의 대상이 되지만, 분식회계를 통해 사실과 다른 재무제표 등을 작성하는 경우 등은 증권거래법상 시세조종행위(증권거래법 제188조의4)에도 해당될 수 있다. 판례도 분식회계를 통해 허위의 재무제표를 작성·공시하고 이에 기해 시세차익을 얻은 사안에 대해 증권거래법 제188조의4 제4항의 시세조종행위가 성립한다고 판시하고 있다.

[분식회계를 통한 시세조종행위] 피고인이 분식결산의 방법으로 작성된 허위의 대차대조표나 손익계산서 등 재무제표에 기초하

여 회사의 재무에 관하여 허위의 사항을 기재한 사업보고서 등을 증권거래위원회나 증권거래소에 제출하고, 또 회사의 유통단지 건설사업 등 불확실한 사업전망을 마치 그러한 계획이 확정되었거나 곧 공사에 착수할 것처럼 공표하고 그 내용을 신문보도나 회사설명회 등에서의 유인물을 통하여 다시 홍보하여 회사의 주가가 상승하자 피고인이 지배하는 주식을 매도하여 상당한 경제적 이득을 얻었을 뿐만 아니라, 특히 위와 같은 허위 사실의 유포 등에 앞서 미리 사모전환사채를 인수하는 방법으로 주식의 매도에 대비하였다가 주식을 매도한 후에 위 전환사채를 주식으로 전환하여 피고인의 지분율을 유지한 점에 비추어 보면, 피고인이 유가증권의 매매 등과 관련하여 부당한 이득을 얻기 위하여 허위의 사실을 유포하고, 중요한 사항에 관하여 허위의 표시를 한 문서를 이용하여 타인에게 오해를 유발함으로써 재산상의 이익을 얻었다고 할 것이다(대판 2001.1.19, 2000도4444).

연습문제

A사는 전기·전자기기의 제조 및 판매업 등을 목적으로 설립된 법인으로, 제27기 사업연도에 자산이 3조 2,283억 원, 부채가 4조 1,254억 원으로 자기자본이 완전 잠식되고 당기순손실이 1조 6,701억 원에 이르렀다. 이에 A사의 대표이사인 甲은 재무담당 전무이사인 乙에게 당기순이익이 약 410억 원인 것처럼 재무제표를 허위로 작성하여 분식결산을 하라고 지시하였다. 이후 乙은 회계담당 실무자들에게 장부상의 재고수량을 실제보다 과다 표시하는 방법으로 재고자산 6,037억 원을 과대계상하고, 모든 직원의 근속연수를 1년 차감하여 연월차 수당을 퇴직급여 산정대상인 급여에 산입시키지 않는 방법으로 퇴직급여 충당금 293억 원

을 과소계상 하도록 하였다. 또한 허위로 계상한 매출채권 6,607억 원과 실제 매출채권 465억 원을 어음차입금 7,072억 원과 상계처리함으로써 매출채권 465억 원을 과소 계상하였다. 그리하여 A사는 제27기 사업연도에 있어서 A사의 자산이 4조 636억 원, 당기순이익이 414억 원인 것처럼 허위의 내용으로 대차대조표 및 손익계산서 등 재무제표를 작성하였다. 이후 A사는 1999년 3월 31일 위 재무제표를 포함한 사업보고서를 작성하고 감사보고서를 첨부하여 이를 증권거래소와 일간 신문 등에 공시하였다. 1999년 11월 2일, A사의 실사 결과에서 A사의 분식회계 및 허위공시 사실이 알려지자 A사의 주식은 폭락하였고, 1999년 4월경 공시를 믿고 A사 주식을 매입한 丙과 丁은 큰 손해를 입었다.

[5] 내부자거래

Ⅰ. 경영 사례

甲은 A(주)의 대표이사인데, 甲이 대표이사로 있는 A(주)는 B(주)의 주요주주이다. 그런데 B(주)는 상호지급보증을 한 관련 회사들이 부도처리 되고, 은행거래가 정지 되는 등으로 인해 부도처리가 불가피하게 되었다. 이와 같은 사실을 안 甲은 2005년 3월 15일부터 같은 달 18일까지 A(주)가 보유하고 있던 B(주)의 주식을 모두 매도하였다. 甲의 주식매매가 끝난 다음 날인 2005년 3월 19일 B(주)는 최종 부도처리 되었고, 이 사실은 증권거래소 공시망을 통해 공시되었다. 그러나 甲이 B(주)의 주식을 매도하기 이전부터 이미 경제신문 등은 B(주)의 부도 가능성에 대한 추측기사를 보도한 바 있다.

관계법령

- **증권거래법 제188조의2[미공개정보 이용행위의 금지]** ① 다음 각호의 1에 해당하는 자(제1호 내지 제5호의 1에 해당하지 아니하게 된 날부터 1년이 경과되지 아니한 자를 포함한다)로서 상장법인 또는 코스닥상장법인(6월내에 상장하는 법인을 포함한다)의 업무등과 관련하여 일반인에게 공개되지 아니한 중요한 정보를 직무와 관련하여 알게 된 자와 이들로부터 당해 정보를 받은 자는 당해 법인이 발행한 유가증권의 매매 기타 거래와 관련하여 그 정보를 이용하거나 다른 사람으로 하여금 이를 이용하게 하지 못한다.

1. 당해 법인 및 그의 임원·직원·대리인
2. 당해 법인의 주요주주
3. 당해 법인에 대하여 법령에 의한 허가·인가·지도·감독 기타의 권한을 가지는 자
4. 당해 법인과 계약을 체결하고 있는 자
5. 제2호 내지 제4호의 1에 해당하는 자의 대리인·사용인 기타 종업원(제2호 내지 제4호의 1에 해당하는 자가 법인인 경우에는 그 임원·직원 및 대리인)

② 제1항에서 "일반인에게 공개되지 아니한 중요한 정보"라 함은 제186조제1항 각호의 1에 해당하는 사실 등에 관한 정보 중 투자자의 투자판단에 중대한 영향을 미칠 수 있는 것으로서 당해 법인이 총리령이 정하는 바에 따라 다수인으로 하여금 알 수 있도록 공개하기 전의 것을 말한다.

- **증권거래법 제188조의3[미공개정보 이용행위의 배상책임]** ① 제188조의2의 규정에 위반한 자는 당해 유가증권의 매매 기타 거래를 한 자가 그 매매 기타 거래와 관련하여 입은 손해를 배상할 책임을 진다.

위반시 형사처벌:
10년 이하의 징역 또는 2천만원 이하의 벌금, 다만 위반행위로 얻은 이익 또는 회피한 손실액의 3배에 해당하는 금액이 2천만원을 초과하는 때에는 그 이익 또는 회피손실액의 3배에 상당하는 금액 이하의 벌금(증권거래법 제207조의2 제1항 제1호). 이익 또는 회피한 손실액이 50억원 이상인 때에는 무기 또는 5년 이상의 징역(제207조의2 제2항 제1호), 이익 또는 회피한 손실액이 5억원 이상 50억원 미만인 때에는 3년 이상의 유기징역(제207조의2 제2항 제2호).

Ⅱ. 경영윤리와 법적 쟁점

1. 증권시장의 '공정성' 상징을 위한 불평등한 정보이용행위의 처벌

증권시장은 실물경제와 달리 '수요의 탄력성'이 매우 크기 때문에, 증권시장에서는 특히 '공정성'(fairness)이란 상징이 매우 중요한 의미를 갖는다. 다시 말해, 만약 증권시장에서 공정성을 해하는 일탈행위가 반복적 · 누적적으로 발생하게 되면, 증권시장의 참여자들은 아예 증권시장으로부터 이탈하게 되고 이는 결국 증권시장의 붕괴를 초래하게 된다. 따라서 '공정성'이란 상징은 증권시장을 유지 · 존속시키는 중요한 요소가 된다. 이처럼 증권시장을 유지 · 존속하게 하는 중요요소로서 '공정성'의 핵심은 바로, '투자정보 향유의 평등성'에 있다고 할 것이다. 왜냐하면 각각의 시장참여자들이 향유할 수 있는 투자정보의 질과 양이 처음부터 다르다고 한다면, 증권시장에서의 공정한 게임은 애초부터 기대할 수 없게 되기 때문이다. 따라서 현행 「증권거래법」은 증권시장의 '공정성'이란 상징을 유지하기 위해 정보의 불평등한 이용행위를 금지하고 있는데, 내부자거래행위(제188조의2)[9]는 그 대표적인 예가 된다.

2. 정보창출자 책임의 제한

증권시장의 참여자는 투자정보 창출여부 및 투자정보에의 접근가능성에 따라 크게 정보창출자(내부자), 정보수령자, 일반 투자자로 나누어질 수 있다. 현행 「증권거래법」에 의하면 정보창출자와 정보수령자는 내부자거래행위의 주체로서, 미공개·내부정보를 이용하거나 다른 사람으로 하여금 이를 이용하게 하기만 하면 내부자거래행위에 해당하게 되어, 손해배상책임을 부담하거나 형사제재를 받는다(제188조의2, 제188조의3, 제207조의2). 그러나 정보창출자 및 정보수령자의 내부정보이용행위에 대한 이와 같은 맹목적 규제는 정보의 효율성을 해할 뿐 아니라, 특히 정보창출자와 관련해서 기업경영진이 자신의 이익과 기업의 운명을 함께 하게 함으로써 기업경영의 효율성을 극대화할 수 있는 가능성을 처음부터 배제시켜 버린다. 따라서 법은 공정성과 효율성 사이에 실제적인 조화를 도모할 수 있는 방향으로 내부자거래를 규제해 나가야 할 것이다.

---

9) 내부자거래행위는 이처럼 증권시장의 '공정성'을 해하는 측면 뿐 아니라, 증권시장의 '효율성'을 강화하는 측면도 갖고 있다. Dennis W. Carlton & Daniel R. Fischel, "The Regulation of Insider Trading", *Stanford Law Review*, Vol. 35, No. 5(May, 1983), 868쪽에 따르면, 내부자들이 거래를 하게 되면 주가는 그와 같은 내부정보가 공시된 때에 근접하게 움직일 것이며, 극단적으로 내부자에 의한 거래는 완전한 공시만큼이나 모든 것을 드러내게 된다고 한다.

이를 위해서는 우선 정보창출자를 세분화하고, 정보창출자의 투자정보이용행위를 유형화하여 법적 규제를 차등화 할 필요가 있다. 정보창출자에는 ① 실질적 기업지배자(owner), ② 임원 및 외부감사인, ③ 사외이사, ④ 계열사 등이 포함될 수 있다. 실질적 기업지배자는 기업의 정책을 최종적으로 결정하는 자로서, 투자정보창출에서 핵심적인 역할을 수행한다. 또한 임원(예: 대표이사, 부사장 등)은 실질적 기업지배자와 직접 대화하고 실제 업무를 집행하며, 외부감사인은 업무집행의 결산에 대하여 재정적 분석 및 진단업무를 행한다는 점에서 기업지배자 다음으로 중요한 정보창출자가 된다. 이러한 역할에 비추어 볼 때 임원 및 외부감사인은 — 내부자거래 영역에서만큼은 — 실질적 기업지배자와 거의 '일심동체'를 이룬다고 할 수 있다.

다음으로 사외이사는 이사회 의사결정에 참여하므로 법률적 의미에서 보면 언제나 정보창출자이지만(증권거래법 제54조의5 제1항, 상법 제391조), 기업실무상 정보창출이 실질적 기업지배자와 이사들 간에만 이루어지고 사외이사는 단지 이를 허락하는 역할만을 하는 경우가 대다수이다. 따라서 사외이사의 역할이 이와 같이 제한적인 경우에는 사외이사를 단지 정보수령자로 보고, 사외이사가 실질적으로 정보창출에 참여하는 경우에만 정보창출자로 인정하는 것이 타당할 것이다.

마지막으로 계열사의 경우, 예컨대 X1사가 계열사인 X2사에 대해 50% 지분을 갖고 있고 X2사는 X1사에 대해 아무런 지분을 갖고 있지 않다고 할 경우, X1사는 X2사의 투자정보를 창출할 수 있는 영향력을 갖고 있으므로 정보창출자로 볼 수 있지만, 반대로 X2사는 X1사의 투자정보를 창출할 수 있는 영향력을 갖고 있지 않으므로 정보창출자로 볼 수 없다고 할 것이다.

이처럼 정보창출자로 인정될 수 있는 실질적 기업지배자, 임원 및 외부감사, 사외이사, 계열사라 하더라도, 이들의 모든 내부정보이용행위가 내부자거래로서 처벌되어야 하는 것은 아니며, 그 행위 유형에 따라 다른 법적 판단이 내려져야 할 것이다. 정보창출자가 정보지배력을 교묘히 이용하여 스스로 창출한 정보를 자신만이 이용함으로써 시세차익을 얻는 경우, 예컨대 주식시장에서 호재로 작용할 만한 기업정보를 창출하기 전에 주식을 매수하고는 그와 같은 기업정보가 시장에 알려진 후 주가가 오르자 기업정보를 현실화하기 위한 더 이상의 노력을 하지 않고 주식을 매도하여 시세차익을 얻는 행위를 반복적으로 행하는 경우에는 내부자거래에 해당한다고 보아야 할 것이다. 반면, 정보창출자가 주식시장에서 긍정적으로 작용할만한 기업정보를 창출하기 전에 주식을 매수하고 그와 같은 기업정보를 현실화하기 위해 모든 노력을 다한 후 결국 기업정보가 현실화되어 주가가 오르자 이전에 매수하였던 주식을 매도하여 시세차익을 얻는 경우에는 내부자거래에 해당하지 않는다고 해야 할 것이다. 이러한 경우까지 내부자거래에 해당한다고 보아 정보창출자에게 법적책임을 지운다면, 정보창출자로 하여금 자신의 개인적 이익을 기업의 운명과 함께 하도록 함으로써 자기 자신 그리고 기업의 이익을 위해 최선의 노력을 다하도록 할 인센티브를 배제해 버리게 된다. 이는 결국 기업이 성장함에 따라 그 기업에 투자한 일반투자자가 이익을 얻을 기회까지 박탈해 버리는 결과가 된다.

3. 정보수령자 책임의 배제

우리 「증권거래법」은 — 물론 1차적 정보수령자에 국한하고 있긴 하지만 — 정보수령자도 정보창출자와 마찬가지로 내부자거래행위의 주체로 인정하고 있다. 그러나 정보수령자의 내부정보이용행위를 내부자거래행위로 처벌하는 것은, 똑같이 미공개·내부정보를 수령하고 이를 이용하지 않은 정보수령자 및 미공개·내부정보를 아예 수령하지 않은 일반투자자와 비교할 때 미공개·내부정보를 이용한 정보수령자에게 가혹한 일이 아닐 수 없다.

우선 미공개·내부정보를 수령하고 이를 이용한 자와, 미공개·내부정보를 수령하였지만 이를 이용하지 않은 자가 있다고 할 때, 전자는 정보평등을 깨뜨리고 후자는 이를 깨뜨리지 않았다고 말할 수 없다. 왜냐하면 미공개·내부정보인 경영정보들은 언제나 불완전성과 불확실성을 내포하고 있기 때문에 위험을 수반하며, 따라서 양자의 차이는 단지 이러한 위험을 감수하면서까지 미공개·내부정보를 믿고 투자할지, 아니면 이와 같은 위험을 감수하지 않기 위해 미공개·내부정보를 수령했음에도 이를 이용하지 않을지에 대한 선택에 있을 뿐이기 때문이다.

이와 같은 선택의 차이에 따라 개인이 짊어져야 할 몫은 그 선택으로 인한 서로 다른 결과일 뿐, 상이한 법적 책임과 같은 것이어서는 안 된다. 또한 경영정보의 불완전성과 불확실성이 공개정보보다는 미공개정보의 경우에 훨씬 크고 따라서 이에 따른 위험 역시 미공개정보의 경우에 훨씬 높다는 점을 고려할 때, 미공개·내부정보를 이용할지 여부는 공시된 정보를 바탕으로 투자 여부를 결정하는 일반인의 심리와 거의 다를 것이 없다. 그러므로 미공개정보를 수령하고 수령하지 않고의 차이는 형법적 취급을 달리할 정도까지는 아니라고 할 것이다. 그러므로 정보수령자이긴 하나 미공개·내부정보를 이용하지 않은 자 및 일반인에 대한 법적 취급과 비교할 때, 미공개·내부정보를 이용한 정보수령자만을 처벌하는 것은 그 정당성 근거를 찾기 어렵다고 할 것이다.

Ⅲ. 참고 판례

판례는 미공개·중요정보의 범위를 넓게 해석함으로써 내부자거래 규제의 범위를 확장시키고 있다. 우선, 중요성(materiality) 판단과 관련하여 판례는 「증권거래법」 제188조의2 제2항을 포괄적으로 해석함으로써, 중요정보의 범위를 확장시키는 구체적 규범형성을 감행하고 있다.

[포괄주의적 해석을 통한 중요정보의 범위 확장] 증권거래법 제188조의2 제2항의 일반인에게 공개되지 아니한 중요한 정보는 법 제186조 제1항 각호의 1에 해당하는 사실에 제한되지 않으므로 법 제186조 제1항 제1호가 규정하고 있는 '상장법인 등이 발행한 어음 또는 수표가 부도처리된 경우'뿐 아니라 은행이 부도처리하기 전에 도저히 자금조달이 어려워 부도처리될 것이 거의 확실시 되는 사정도 당해 법인의 경영에 중대한 영향을 미칠 수 있는 사실로서 합리적 투자자라면 누구든지 당해 법인의 주식의 거래에 관한 의사를 결정함에 있어 상당히 중요한 가치를 지니는 것으로 판단할 정보에 해당하는 것임이 분명하므로 이러한 상황을 알고 있는 당해 법인의 주요주주 등이 그 정보를 공시하기 전에 이를 이

용하여 보유주식을 매각하였다면 이는 미공개정보 이용행위를 금지하고 있는 법 제188조의2 제1항을 위반하였다고 보지 않을 수 없다(대판 2000.11.24, 2000도2827).

뿐만 아니라, 판례는 사안에서와 같이 이미 정보가 일간지 등을 통해 공개된 후라도 아직 당해 기업에 의해 공시되지 않았다면 이는 미공개·중요정보에 해당한다고 하여, 이러한 정보를 이용하여 주식거래를 한 경우 내부자거래의 죄책을 지우고 있다.

[문리적 해석을 통한 미공개정보의 범위 확장] 법 제188조의2 제2항은 '일반인에게 공개되지 아니한 중요한 정보'를 '당해 법인이 재정경제부령이 정하는 바에 따라 다수인으로 하여금 알 수 있도록 공개하기 전의 것'이라고 규정하고 있으므로 어떤 정보가 당해 법인의 의사에 의하여 재정경제부령이 정하는 바에 따라 공개되기까지는 그 정보는 여전히 미공개정보 이용행위금지의 대상이 되는 정보에 속한다고 할 것이므로, H주강 스스로가 부도사실이 불가피하다는 사실을 공개한 사실이 없는 이상 비록 경제신문 등에서 그 유사한 내용으로 추측 보도된 사실이 있다고 하더라도 그러한 사실만으로 일반인에게 공개된 정보라고 할 수는 없다(대판 2000.11.24, 2000도2827).

연습문제

2004년부터 2006년 사이, 국내 주식시장에서는 바이오 관련 연구와 주식시장 과열화 등으로 인하여 이른바 '바이오 테마 열풍'이 일었다. 이에 따라 A제약회사는 국내 최초의 바이오 장기개발 전문회사인 B사와의 사이에 B사의 제3자 배정 유상증자에 참여하여 10.24%의 지분을 취득하기로 합의하였다. 이와 같은 유상증자 참여 사실이 일반인에게 공개될 경우 A제약회사의 주가가 폭등할 것으로 예상되자, A제약회사의 대표이사인 甲은 일반인에게 공개되기 전인 2005년 7월 4일부터 2005년 7월 5일까지 자신이 평소 관리하던 다른 사람 명의의 차명계좌를 이용하여 A제약회사 주식 90,000주를 집중 매수한 다음, 이 정보가 일반인에게 공개된 이후에 그 주식을 매도하여 총 3억 5천만원 상당의 이익을 취득하였다. 또한 乙은 친척인 A제약회사 부사장 丙에게 A제약회사의 경영상황, 사업계획을 문의하여 B사 유상증자에의 참여라는 정보를 수령한 후, 아직 그 정보가 일반인에게 공개되기 전인 2005년 7월 7일과 2005년 7월 11일 자신 명의의 주식계좌를 통해 A제약회사의 주식 65,000주를 집중매수한 후, 이 정보가 일반인에게 공개된 이후에 주식을 매도하여 총 2억 6천만원 상당의 이익을 취득하였다.

[6] 부실감사

Ⅰ. 경영 사례

A(주)는 신공장 건설로 인한 자금부담 및 금융비용 과다부담 등으로 제26기 회계연도의 당기순손실이 18억원, 잉여금 손실이 458억원에 이르게 되었다. 이와 같은 내용을 재무제표에 사실대로 표시할 경우 금융기관들로부터 대출을 받기가 어려워져 결국 경영마저 어려워질 것을 우려한 A(주)는 재무제표를 분식처리하기로 결정하고, 18억원의 당기순손실이 발생했음에도 받을 어음, 외상매출채권 등을 과다계상 하여 19억원의 당기순이익이 발생한 것처럼 허위의 재무제표를 작성하였다. B회계법인은 외부감사법 제3조 제1항 소정의 감사인으로서 A(주)의 제26기 재무제표에 대한 외부감사를 실시하였는데, B회계법인 소속 회계사 甲은 재무제표상 위 회사의 재고자산이 총자산의 21.1%, 연간매출액

의 38%에 해당하는 중요한 항목임에도 이를 구성하는 2,000여 개 품목 중 단 36개 항목만 확인하고는 그 재고자산의 실재를 인정함으로써 A(주)가 재고자산 218억 원을 과다계상한 사실을 발견하지 못하였다. B회계법인 소속 회계사 乙 또한 A(주)가 제시한 허위의 어음 보관 잔액증명원, 채권채무잔액조회서만을 믿고 직접 조회 확인 절차를 실시하지 않아 과대계상 사실을 밝혀내지 못하였다. 그럼에도 불구하고 B회계법인은 재무제표에 대한 지적사항이나 수정요구 없이 동 재무제표가 진정하게 작성된 것처럼 첨부하여 적정의견이 표시된 감사보고서를 작성하였고, A(주)는 이 감사보고서를 증권거래위원회와 증권거래소에 제출하여 공시하였다.

관계법령

- **주식회사의 외부감사에 관한 법률 제17조[손해배상책임]** ② 감사인이 중요한 사항에 관하여 감사보고서에 기재하지 아니하거나 허위의 기재를 함으로써 이를 믿고 이용한 제3자에게 손해를 발생하게 한 경우에는 그 감사인은 제3자에 대하여 손해를 배상할 책임이 있다. 다만, 연결재무제표 또는 결합재무제표에 대한 감사보고서에 중요한 사항을 기재하지 아니하거나 허위의 기재를 한 책임이 종속회사·관계회사 또는 계열회사의 감사인에게 있는 경우에는 당해 감사인은 이를 믿고 이용한 제3자에게 손해를 배상할 책임이 있다.

  ④ 감사인이 회사 또는 제3자에 대하여 손해를 배상할 책임이 있는 경우에 당해 회사의 이사 또는 감사(감사위원회가 설치된 경우에는 감사위원회 위원)도 그 책임이 있는 때에는 그 감사인과 당해 회사의 이사 및 감사는 연대하여 손해를 배상할 책임이 있다.

위반시 형사처벌:
3년 이하의 징역 또는 3천만원 이하의 벌금(주식회사의 외부감사에 관한 법률 제20조 제2항)

- 증권거래법 제14조[허위기재 등으로 인한 배상책임] ① 유가증권신고서와 제12조의 규정에 의한 사업설명서(예비사업설명서 및 간이사업설명서를 포함)중 허위의 기재 또는 표시가 있거나 중요한 사항이 기재 또는 표시되지 아니함으로써 유가증권의 취득자가 손해를 입은 때에는 다음 각호의 자는 그 손해에 관하여 배상의 책임을 진다. 다만, 배상의 책임을 질 자가 상당한 주의를 하였음에도 불구하고 이를 알 수 없었음을 증명하거나 그 유가증권의 취득자가 취득의 약정시에 그 사실을 안 때에는 그러하지 아니하다.

2. 당해 유가증권신고서의 기재사항 또는 그 첨부서류가 진실 또는 정확하다고 증명하여 서명한 공인회계사·감정인 또는 신용평가를 전문으로 하는 자 등 대통령령이 정하는 자

- 증권거래법 제15조[손해배상액] ① 제14조의 규정에 의하여 배상할 금액은 청구권자가 당해 유가증권을 취득함에 있어서 실지로 지급한 액에서 다음 각호의 1에 해당하는 액을 공제한 금액으로 한다.

1. 당해 유가증권에 관하여 소송제기되어 있는 때에는 변론종결시에 있어서의 시장가격(시장가격이 없는 경우에는 추정처분가격)

2. 제1호의 변론종결전에 당해 유가증권을 처분한 때에는 그 처분가격

② 제1항의 규정에 불구하고 제14조의 규정에 의하여 배상책임을 질 자가 청구권자가 입은 손해액의 전부 또는 일부가 투자판단 또는 유가증권의 가치에 영향을 미칠 수 있는 것 등 중요한 사항에 관하여 거짓의 기재 또는 표시가 있거나 중요한 사항이 기재 또는 표시되지 아니함으로써 발생한 것이 아님을 입증한 경우에는 그 부분에 대하여 배상책임을 지지 아니한다.

- **증권거래법 제186조의5[준용규정]** 제8조 제2항, 제11조 제1항 내지 제3항, 제14조 내지 제16조, 제18조, 제19조 및 제20조의 규정은 사업보고서, 반기보고서 및 분기보고서의 경우에 이를 준용한다.

위반시 형사처벌:
15년 이하의 징역 또는 3천만원 이하의 벌금(증권거래법 제207조의3)

- **증권관련 집단소송법 제3조[적용범위]** ① 증권관련집단소송의 소는 다음 각호의 1에 해당하는 손해배상청구에 한하여 제기할 수 있다.
1. 증권거래법 제14조의 규정에 의한 손해배상청구
2. 증권거래법 제186조의5의 규정에 의하여 사업보고서·반기보고서 및 분기보고서에 준용되는 동법 제14조의 규정에 의한 손해배상청구
3. 4. (생략)

Ⅱ. 경영윤리와 법적 쟁점

1. 부실감사책임에서 권한-책임-제재의 불균형

우리나라의 대우사태 및 미국의 엔론(Enron)사태를 겪으면서 외부감사인의 부실감사가 전체 경제에 미치는 부작용에 대한 우려의 목소리가 커졌고, 이에 비례해서 부실회계감사를 한 공인회계사에 대해 무거운 민·형사상의 책임을 부과해야 한다는 요구 또한 높아졌다. 그러나 부실회계감사가 경제영역에 미치는 부작용만으로 부실회계감사를 한 공인회계사에게 무거운 민·형사상

의 책임을 부과하는 것이 정당화될 수는 없다. 공인회계사에 대한 제재는 공인회계사가 갖는 권한 및 공인회계사의 책임에 상응해야 하기 때문이다. 아래 그림은 부실감사 영역에서 공인회계사의 권한-책임-제재의 상대적 관계의 현실(길쭉한 모양(△)의 삼각형)과 이념(점선으로 된 삼각형)을 보여준다.

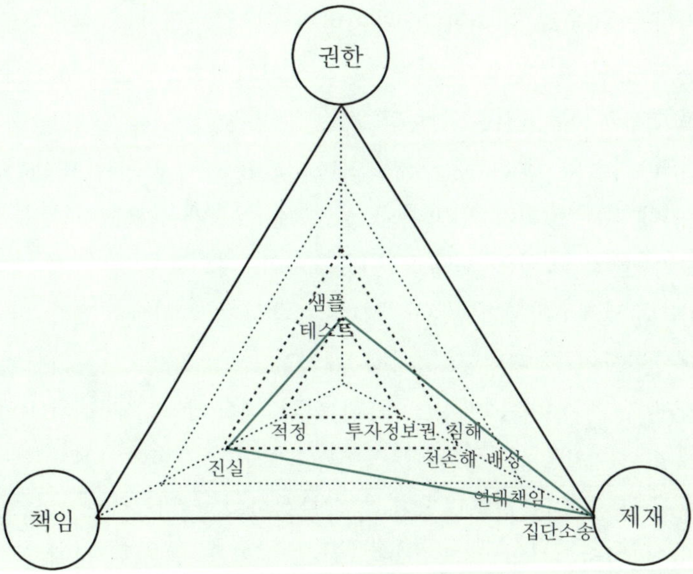

〈권한-책임-제재의 삼각관계〉

그림에서 점선으로 된 삼각형과 같이 권한-책임-제재의 관계가 정삼각형을 이루는 경우, 즉 공인회계사의 권한 및 책임과 공인회계사에 대한 제재가 서로 비례적인 경우에만 회계감사 영역에서 직업윤리와 법이 일치된다고 할 수 있다.

그러나 부실감사책임이 귀속되는 현실을 자세히 들여다보면,

권한-책임-제재의 현실은 위의 그림에서 길쭉한 모양(△)으로 이루어진 삼각형과 같이 일그러져 있음을 알 수 있다. 우선 공인 회계사의 권한은 현실적으로 가장 낮은 단계인 샘플테스트(sample test)로 제한되어 있는데, 이는 다음과 같은 세 가지 이유에 기인한다. 첫째, 회계감사실무에서는 회계감사를 회계장부의 진실성이 아닌, 회계장부가 기업회계기준에 맞게 작성되었는지를 심사하는 것으로 이해한다.[10] 이러한 적정성 심사를 위해서도 현장조사 등을 할 필요가 있는 것은 사실이지만, 모든 사항들을 다 심사해야만 하는 것은 아니고 사실상 가능하지도 않다. 둘째, 우리나라 기업의 대부분은 2월말이나 3월에 주주총회를 여는데, 이로 인해 주주총회가 임박한 12월, 1월, 2월에 70% 이상의 외부감사가 몰리게 되는 현실적 이유도 샘플테스트를 불가피하게 만든다.[11] 셋째, 회계법인을 선정하는 방식이 국가배정제가 아니라 피감사회사와 회계법인이 직접 계약을 맺는 방식(주식회사의 외부감사에 관한 법률 제4조 제1항)이기 때문에 피감사회사와의 관계에서 회계법인의 행위가능성이 현저히 축소되어 있다. 국가배정제의 경우에는 회계법인이 피감사회사의 눈치를 볼 이유가 없지만, 피감사회사와 회계법인이 직접 계약을 맺는 방식에서는 회계법인이 피감사회사의 구미에 맞는 감사보고서를 작성할 수밖에 없는 현실적 제약이 있고, 이로 인해 샘플테스트마저 유명무실해

10) 이정호, 「회계감사인의 책임범위」, 경영사례연구(서울대) 제26권 제1호, 1992, 21쪽; 한광식, 『회계감사론』, 1992, 123쪽; 신문철, 『회계감사론』, 1984, 78쪽; 이길영, 『회계감사론』, 1985, 123~124쪽; 이근수, 『현대회계감사』, 1991, 1116쪽; 삼일회계법인, 『삼일감사론』, 1992, 345쪽.

11) 전자공시시스템(http://darts.fss.or.kr)에 공시된 회사들의 정기주주총회 자료를 분석해보면, 1800여개의 회사 중 2월말에서 3월에 정기주주총회를 개최하는 회사들이 약 1750개로 97%에 이름을 알 수 있다.

지기가 쉽다.

공인회계사의 권한이 이와 같이 가장 낮은 단계인 샘플테스트로 제한된다면, 공인회계사의 책임 또한 이에 상응하는 '적정성심사의무'로 제한되어야 할 것이다. 그러나 현재 공인회계사의 책임은 적정성심사의무보다 한 단계 더 높은 '진실성심사의무'에까지 미치고 있으며, 이로 인해 공인회계사의 권한과 책임 사이에는 불균형이 발생하게 된다.

그러나 이와 같은 불균형은 공인회계사에 대한 과도한 제재에 의해 더욱 극대화된다. 공인회계사에 대한 제재는 그 정도가 낮은 순서에 따라 ① 투자정보권의 침해에 대한 배상, ② 전손해(투자실패로 인한 전체손해)의 배상, ③ 경영진과의 연대책임, ④ 집단소송으로 나누어 볼 수 있는데, 샘플테스트로 제한되어 있는 공인회계사의 권한을 고려할 때, 공인회계사에 대한 제재로는 투자정보권 침해에 대한 배상만을 인정하는 것이 적정하다. 그러나 우리 법은 부실감사에 대해 가장 강한 제재수단인 집단소송까지 인정(증권관련 집단소송법 제3조 제1항)함으로써, 권한-책임-제재의 삼각형을 완전히 일그러뜨려 놓고 있다.

2. 엄격한 부실감사책임으로 인한 우수회계인력의 이탈

회계감사 실무에서는 적정성심사를 공인회계사의 직업윤리라고 보는 반면, 법은 이들에게 진실성심사를 하도록 요구하고 이에 위반하는 경우 전손해에 대한 배상, 경영진과의 연대책임, 집단소송과 같은 과도한 제재를 부과하므로, 부실감사책임영역에서는 법과 직업윤리 사이에 매우 큰 간극이 존재하게 된다. 그러나 이와 같이 공인회계사들의 책임윤리에 어긋나는 과중한 법적책임은 결국 우수회계인력으로 하여금 주식회사의 외부감사로부터 떠나 좀 더 리스크가 적은 경영자문이나 세무업무로 업무의 중점을 변경하도록 만든다. 이는 장기적으로 볼 때 자본시장의 기능을 위축시키는 결과를 초래하게 될 것이다.

3. 부실감사의 유형에 따른 적정 제재의 도모

그러므로 부실감사의 유형을 나누고, 각각의 유형에 대해 적정한 제재수단을 강구하는 것이 필요하다.

(음영부분: 법적 책임 인정)

분식회계 유형 \ 적정 제재		예	형사책임	민사책임 (과실상계)
회계부정	불법이득의사	분식회계의 성과를 나누어 가짐		
	고의	고의의 장부조작		
회계오류	중과실	재고자산의 가치에 대한 중대한 오류		
	경미한 과실	재고자산의 가치에 대한 경미한 오류		
회계판단의 차이		공인회계사들 사이의 의견 차이		

〈부실감사의 유형에 따른 적정제재〉

표에서 보는 바와 같이 부실감사는 크게 회계판단의 차이, 회계오류, 회계부정의 세 유형으로 나누어진다. 먼저 회계판단의 차이는 회계학의 강한 전문성으로 인해, 예컨대 A공인회계사와 B공인회계사가 서로 다른 결론을 도출하게 되는 경우를 말한다.[12]

다음으로 회계오류는 회계처리나 해석에 과실이 존재하는 경우를 일컫는데, 이는 다시 그와 같은 과실이 중대한 경우와 경미한 경우로 나누어질 수 있다.

마지막으로 회계부정은, 분식회계사실이 존재함을 알았음에도 불구하고 이를 눈감아주는 경우와 같이 고의적인 회계부정의 경우와, 분식회계사실이 존재함을 인식했음에도 경영진과 함께 분식회계의 성과를 나누어가지려는 '불법이득의사'를 갖고 이를 눈감아 주는 경우와 같은 불법이득의사에 의한 회계부정의 두 가지 유형이 있을 수 있다.

우리 현행법은 부실감사의 유형을 불문하고, 모든 부실감사행위에 대해 민·형사상의 책임을 인정하고 있다. 그러나 회계감사 영역에서 법과 직업윤리 사이의 간극을 메우기 위해서는, 위에서와 같은 유형화를 바탕으로 각 유형들의 불법성의 정도에 상응하는 제재수단들을 모색해야만 한다. 이에 따를 때, 우선 가장 강한 제재수단인 형사책임은 좁게는 불법이득의사에 의한 회계부정에 대해서만, 넓게는 이에 더하여 고의적 회계부정에 대해서까지만 인정되어야 할 것이다. 다음으로 민사책임은 물론 형사책임보다 그 적용범위가 넓지만, 불법이득의사에 의한 회계부정, 고의적 회계부정, 그리고 중대한 회계오류에 대해서만 인정되어야 할 것이다. 경미한 과실은 단지 투자자들의 투자정보권만을 침해

12) 회계판단의 차이가 발생하는 대표적인 예로는 대표이사의 거마비가 근로소득에 해당하는지 여부를 들 수 있을 것이다. 대표이사가 다른 회사의 사외이사로서 근무하는 경우 이때 받은 거마비가 규모가 비슷한 다른 회사가 지급하는 금액보다 많을 경우 그 초과금액을 대표이사의 근로소득에 포함시켜야 하는지가 문제되는데, 이는 공인회계사에 따라 달리 판단될 수 있다. 이에 대해 자세히는 심태섭, 「공인회계사유형과 회계감사수행여부에 따른 세무의사결정의 차이에 대한 연구」, 세무와 회계저널 제7권 제3호, 2006.9., 224쪽 참조.

할 뿐이므로 민사책임의 적용대상에서 배제된다. 그리고 민사책임을 부과하는 경우 투자손해를 입은 투자자에게도 과실이 존재하는 경우에는 과실상계를 인정하는 것이 타당할 것이다.

Ⅲ. 참고 판례

회계감사의 실무상 공인회계사의 권한은 샘플테스트(sample test)로 제한됨에도 불구하고, 우리 법원은 공인회계사에게 회계장부의 진실성을 심사할 의무를 인정함으로써, 샘플테스트만으로 재고자산의 실재를 인정한 경우 부실감사책임을 귀속시키고 있다.

[진실성심사의무의 인정] 재무제표상의 계정잔액 및 공시사항이 적정하게 표시되었는지 여부를 입증할 수 있는 증거를 수집하는 감사절차를 실시하고 주요비율과 추세 등을 분석함으로써 이상항목이 있는 경우에는 이에 대하여 조사, 검토하고 재고자산의 계정잔액이 적정하게 표시되어 있는지를 확인하기 위하여 실물확인 또는 입회확인. 문서검증, 분석적 검토 등의 절차를 실시하여야 함에도 불구하고 감사시간에 쫓긴다는 이유만으로 재무제표상 위 회사의 재고자산이 총자산의 21.2%, 연간매출액의 38%에 해당하는 중요한 항목임에도 이를 구성하는 2,000여개 품목중 단 36개 품목만 확인함에 그친 채 그 재고자산의 실재를 인정하는 등 재고자산 실사절차를 소홀히 함으로써 결국 피고는 위 재무제표의 기재가 적정한 것으로 감사보고서를 작성, 제출하는 위법행위를 하였다(서울지방법원 1996.8.28, 96나15298).

연습문제

甲과 乙은 A회계법인의 공인회계사로서 B사의 외부감사를 담당하기 시작한 이래 매년 이를 계속적으로 맡아왔다. 이들은 1993년 2월 4일부터 1993년 2월 14일까지 B사의 회계연도 결산 회계감사를 하던 중, 재무제표상 매출액 및 매출채권액이 지나치게 고액으로 되어 있고, 실제로는 18억원의 당기순손실을 입었음에도 불구하고 마치 당기순이익이 19억 천만원에에 이르는 것처럼 분식 결산된 사실을 발견하였다. 이에 甲과 乙은 B사에게 분식결산에 관한 증빙자료를 요구하였다. 그러자 B사의 경리담당이사인 丙은 B사가 실제로 대불공단 사업으로 인해 적자가 발생하였으나, 이 사업은 B사의 역점사업으로서 곧 성공하여 회복될 수 있다고 하면서, 회사가 제출하는 증빙자료에 의해서만 감사하여 달라는 취지의 부탁을 하였다. 甲과 乙은 이에 묵시적으로 응함으로써 허위의 감사보고서를 작성하였고, 이와 같은 허위의 감사보고서가 공시되었다. 이후 허위로 공시된 재무제표를 보고 B사의 주식을 매수한 일반투자자들은 주가폭락으로 큰 손해를 보게 되었다.

[7] 차입에 의한 기업인수

Ⅰ. 경영 사례

甲은 국내금융기관으로부터 자금을 조달하여 현재 법정관리 중인 A(주)를 인수할 목적으로 2001년 5월 23일 K사를 설립하였다. 그 후 甲은 A(주)를 인수할 자금을 조달하기 위해 K사 명의로 2001년 6월 4일 D종금으로부터 350억 원을 대출 받으면서 우선 K사가 취득할 A(주)의 발행주식 520만 주에 대하여 근질권을 설정하였다. 이후 K사가 A(주)를 인수한 다음인 2001년 7월 3일부터 같은 달 9일 사이에 350억 대출에 대해 A(주) 소유의 부동산에 대해 근저당권을 설정하고 그 주식을 반환받았다. 또한 甲은 2001년 6월 9일 K사 명의로 H은행으로부터 320억 원을 대출 받으면서 K사가 A(주)의 정리채권자인 N종금으로부터 양수하기로 한 정리채권(620억 원 상당)에 대해 우선 담보를 설정하였다. 그리고 2001년 6월 13일, A(주)를 인수 후에 A(주)가 현금 시재로 보유하고 있는 320억 원을 H은행에 예치하여 이를 320억 대출에 대한 담보로 하고 정리채권에 대한 담보를 해지하였다. 2001년 6월 8일 법원은 A(주)에 대한 회사정리절차를 종결하였다. 법정관리 종결 당시 A(주)의 채무는 약 1,035억 원에 달하였으나 그 후 계속해서 감소하였고, 2001년 10월경부터 2002년 12월 31일 사이에 총 9,259억 원 상당의 공사를 수주하였을 뿐 아니라, 순 자산 가치도 2003년 6월경에는 1,262억에 달하는 등 A(주)는 비약적인 성장을 이룩하였다.

관계법령

– **형법 제355조 제2항[배임]** 타인의 사무를 처리하는 자가 그 임무에 위배하는 행위로써 재산상의 이익을 취득하거나 제삼자로 하여금 이를 취득하게 하여 본인에게 손해를 가한 때에는 5년 이하의 징역 또는 1천5백만원 이하의 벌금에 처한다.
– **형법 제356조[업무상의 횡령과 배임]** 업무상의 임무에 위배하여 제355조의 죄를 범한 자는 10년 이하의 징역 또는 3천만원 이하의 벌금에 처한다.

Ⅱ. 경영윤리와 법적 쟁점

1. 차입매수의 투입과 산출

차입에 의한 기업인수(Leveraged Buyout), 줄여서 차입매수(LBO)란, “기업매수가 성공할 것이라는 기대 하에서 피매수기업의 자산이나 수익력을 담보로 매수에 소요되는 자금을 여러 가지원천으로부터 조달하고, 차후에 피매수기업의 수익성이 향상되고 나면 그 이익이나 자산의 매각대금으로 이들 채무를 상환해 나가는 기업매수방식"[13]을 의미한다. 특히, 차입매수는 대개의 경우 피인수기업이 도산위기에 처한 경우에 행해진다는 점에서 다른 기업인수 방법과 구별된다. 즉 차입매수는 피인수기업이 도산 위기에 처하여 자산 있는 매수자를 구하기가 어렵고, 그렇다고 해서 공적자금을 투입할 만한 기업도 아닌 경우에 주로 행해진다.

이와 같이 피인수기업이 도산위기에 처한 경우에 행해지는 차입매수의 투입과 산출은 아래 그림과 같다.

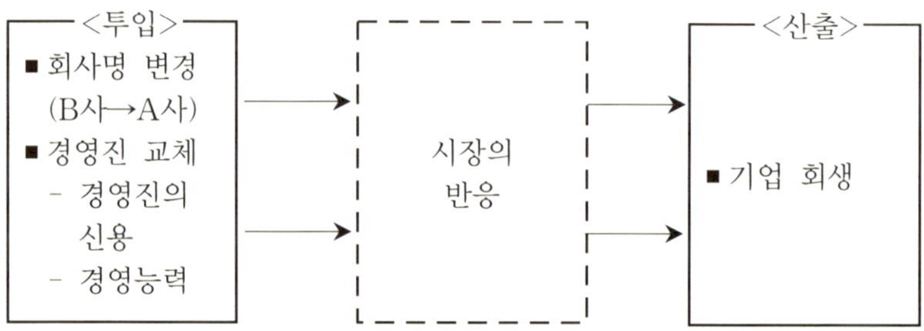

〈차입매수(LBO)의 투입과 산출〉

차입매수(LBO)를 통해 회사의 명칭을 변경하고(Input 1), 경영진을 교체하면(Input 2), 이것이 시장에서 긍정적인 반응을 얻어 피인수기업이 회생(Output)하게 된다. 좀 더 부연하자면, 우선 차입매수는 부도위기에 직면했던 피인수기업의 명칭을 합병기업의 명칭으로 변경 — 물론, 차입매수 후 아직 인수기업에 합병되지 않고 있는 중이라면 명칭의 변경가능성만 존치 — 시킨다.

13) 윤종훈/이호준/법무법인 한결/화인 경영회계법인, 『M&A 전략과 실전사례』, 매경출판(주), 2005, 588쪽.

다음으로 차입매수는 피인수기업의 경영진을 교체함으로써 경영진의 신용과 경영능력을 향상시킨다. 여기서 차입매수를 통해 향상되는 경영능력에는 크게 두 가지가 있는데, 하나는 피인수기업을 '리엔지니어링'(reengineering)시키는 능력이고, 다른 하나는 경영진의 '네트워킹'(networking)의 능력이다. 후자는 정경유착이 강한 사회일수록 그 중요성이 커지게 된다.

이처럼 부도위기에 직면했던 피인수기업이 인수기업의 명칭으로 그 명칭을 변경하고, 신용과 능력을 두루 갖춘 경영진으로 기존의 경영진을 교체함으로써 시장에서 긍정적인 반응을 이끌어내게 되면 기업은 회생하게 된다. 이와 같은 기업회생은 다시 인수측이나 피인수측 모두에게 '윈윈'(win-win)의 결과를 가져다준다. 인수측의 입장에서는 자기 자신의 자본을 들이지 않고도 결국에는 회생을 한 피인수기업의 소유주(owner)가 된다. 피인수측의 입장에서도, 피인수기업의 주주 및 채권자들은 그렇지 않았으면 불가능했을 자신들의 권리를 보전하게 되고, 경영자들도 기업도산으로 인한 민·형사상의 책임을 면제받게 된다.

2. 차입매수(LBO)에서의 경영윤리로서 경영전략적 판단의 합리성

차입매수(LBO)가 이와 같이 인수측과 피인수측 모두에게 '윈윈'(win-win)의 경영전략이 될 수 있다는 점에 비추어 볼 때, 이와 같은 경우에 피인수기업의 이사들에게 요구되는 경영윤리는 정상적인 기업을 매각하는 경우에 피인수기업의 이사들에게 요구되는 경영윤리와 달리 설정되어야 할 것이다.

위에서 살펴본 바와 같이 차입매수가 '차입자금을 이용한

M&A 방식의 기업회생프로젝트'라는 성격을 갖는다면, 차입매수에서 윤리성의 핵심은 바로 경영전략적 '윈윈'(win-win) 판단에 의해 설계되는 인수회사와 피인수회사간의 양해각서(MOU)에 내재되어 있다고 할 수 있을 것이다. 이와 같은 판단은 물론 도산위기에 처한 기업의 입장에서는 위험(risk)이 큰 판단일 수 있지만, 오히려 이처럼 이미 도산위기에 처한 기업이기에 이와 같은 고위험(high-risk)을 부담하는 것 또한 가능하다고 볼 수 있을 것이다. 따라서 차입매수를 통해 '윈윈(win-win)'의 성과가 일어날 것이라는 고도의 위험성을 가진 경영전략적 판단이야말로 차입매수에서의 경영윤리라 할 수 있을 것이다.

이처럼 차입매수의 경우에는 피인수기업이 도산위기에 처한 경우가 대부분이라는 상황적 특수성으로 인해, 이미 피인수기업 이사들의 회사자산관리의무가 지켜질 수 없는 상황임에도 불구하고, 우리 대법원은 차입매수의 경우에도 피인수기업의 이사들에게 정상적인 기업을 매각하는 경우와 동일한 충실의무를 요구하고 있는 것처럼 보인다. 즉 대법원은 인수회사로부터 피인수회사의 담보제공에 상응하는 '반대급부'를 제공받지 않고, 인수회사가 금융기관으로부터 인수자금을 대출하는데 대해 피인수회사의 자산을 담보로 제공해 준 피인수회사의 이사들에게 업무상배임죄의 성립을 인정[14]하고 있다.

그러나 차입매수의 경우, 피인수회사 이사들의 충실의무는 자산을 담보로 제공하는 것에 상응하는 반대급부를 확보하는 것이 아니라, 인수기업과 MOU를 체결함으로써 기업회생계획을 수립하고 실행해가는 전 과정에서 '기업의 회생'이라는 목적에 충실한

14) 대판 2006.11.9, 2004도7027.

것에서 찾을 수 있다. 다시 말해, 차입매수의 상황에서 피인수회사의 이사들은 이를 통해 회사를 도산위기로부터 벗어나게 할 의무를 부담하는 것이고, 피인수회사의 이사들이 차입매수를 수립하고 실행하는 전 과정에서 이와 같은 의무에 충실했다면, 이들에게는 어떠한 윤리적 책임 및 법적 책임도 묻지 않는 것이 타당할 것이다.

3. 프로젝트금융투자회사(PFV)와 차입매수(LBO)의 부당한 차별

차입매수(LBO)의 가장 첫 단계가 인수측에 의한 페이퍼컴퍼니(paper company)의 설립이라는 점에서도 알 수 있는 바와 같이, 페이퍼컴퍼니의 설립은 차입매수에서 가장 핵심적인 요소가 된다. 이와 같은 페이퍼컴퍼니는 경영영역에서 다양한 목적을 위해 사용되지만, 법률상 명시적으로 합법화된 페이퍼컴퍼니는 금융지주회사(금융지주회사법)와 부동산투자회사(부동산투자회사법)에 국한된다. 나머지 영역에 대해서는 아직 합법과 불법을 이야기할 수 없지만, 큰 흐름으로 볼 때 법률상으로 합법화된 페이퍼컴퍼니만이 합법적인 페이퍼컴퍼니로 인정될 가능성이 크다.

그러나 법원과 같이 페이퍼컴퍼니를 이용한 차입매수를 배임범죄로 처벌하는 것은 부동산투자회사, 즉 프로젝트금융투자회사(Project Financing Vehicle, 약어 PFV)와 비교할 때 법체계의 정합성을 현저하게 깨뜨리는 일이 아닐 수 없다. PFV의 경우에도 — 만약 출자자들의 보증 하에 은행으로부터 자금을 대출 받아 부동산개발사업 등을 수행하는 경우 — 출자자들은 은행차입으로 인해 프로젝트가 성공적으로 수행될 것이라는 전망 이외에는 어떠한 반대급부도 제공받지 않은 채 자산 없는 회사에 담보를 제공한다. 그럼에도 불구하고 프로젝트금융투자회사는 합법화되어 있을 뿐 아니라, 심지어는 세제혜택[15]까지 받는다.

차입매수도 도산위기에 처한 피인수회사가 자산 있는 매수자를 구할 수 없고, 그렇다고 공적자금을 투입할만한 기업도 아닌 경우에 행해지는 일종의 'Project Financing'이라는 점을 고려할 때, PFV에 대해서처럼 세제혜택까지 부여하는 것은 별론으로 하더라도 이를 배임범죄로 낙인찍는 것은 행위의 유사성에 비추어 볼 때 심히 불비례적인 것이라고 할 것이다.

Ⅲ. 참고 판례

대법원은 피인수기업의 자산을 담보로 하여 은행으로부터 자금을 대출 받고 그 자금을 인수자금으로 하여 비로소 피인수기업을 인수한 인수자에 대해 업무상배임죄(형법 제356조)의 성립을 인정하고 있다. 이와 같은 대법원의 판단은, 담보제공 당시 아직 피인수기업의 경영자가 아닌 인수자를 피인수기업의 실질적 경영자로 인정하고, 회사 명칭의 변경으로 인한 기업의 이미지 제고나 신용과 능력을 갖춘 새로운 경영진으로의 교체와 같은 경제적 재산을 재산개념으로 인정하지 않는 입장을 취함으로써만 가능하다.

[피인수기업의 담보제공에 상응한 반대급부의 요구] 기업인수에 필요한 자금을 마련하기 위하여 그 인수자가 금융기관으로부터

15) 법인세법 제51조의2 제6호, 조세특례법 제120조 제4항, 제199조 제6항 등 참조.

대출을 받고 나중에 피인수회사의 자산을 담보로 제공하는 방식(이른바 차입매수[Leveraged Buyout] 방식)을 사용하는 경우, 피인수회사로서는 주채무가 변제되지 아니할 경우에는 담보로 제공되는 자산을 잃게 되는 위험을 부담하게 되므로 인수자만을 위한 담보제공이 무제한 허용된다고 볼 수 없고, 인수자가 피인수회사의 위와 같은 담보제공으로 인한 위험 부담에 상응하는 대가를 지급하는 등의 반대급부를 제공하는 경우에 한하여 허용될 수 있다. 만일 인수자가 피인수회사에 아무런 반대급부를 제공하지 않고 임의로 피인수회사의 재산을 담보로 제공하게 하였다면, 인수자 또는 제3자에게 담보 가치에 상응한 재산상 이익을 취득하게 하고 피인수회사에게 그 재산상 손해를 가하였다고 봄이 상당하다. 부도로 인하여 회사정리절차가 진행 중인 주식회사의 경우에도 그 회사의 주주나 채권자들의 잠재적 이익은 여전히 보호되어야 하므로, 피인수회사가 회사정리절차를 밟고 있는 기업이라고 하더라도 위와 같은 결론에는 아무런 영향이 없다(대판 2006.11.9, 2004도7027).

연습문제

甲은 2000년 9월부터 회사정리절차중인 B사를 인수하기로 마음먹고 2001년 6월 7일 A사라는 페이퍼컴퍼니를 설립하였다. 그 후 甲은 A사를 통해 C종금으로부터 350억 원을 대출 받아 B사의 지분 66.2%를 인수하고 B사의 대표이사로 취임하였다. 대표이사로 취임한 다음인 2001년 7월 3일부터 7월 9일까지 甲은 별다른 대가 없이 A사가 C종금에 대해 부담하는 350억 원 상당의 채무에 대한 담보 명목으로 B사 소유의 9개 부동산에 관하여 채권최고액 350억 원 상당의 근저당권을 설정하여 주었다. 이와 동시에 A사는 피담보채무인 대출금이 상환될 때까지 인수한 주식, 채권 등이 임의로 처분되지 못하도록 이를 B사에 담보로 제공하였다.

[8] 우리사주제도와 경영권방어

Ⅰ. 경영 사례

즉석카메라 제조업체인 P사는 즉석카메라 제조에서 광학기기 일반으로 사업을 확장하던 중 1978년을 정점으로 주가가 하락하기 시작했지만, 수익성은 대체로 증가 추세여서 적대적 인수·합병의 대상으로 노출되기 시작했다. 그러던 중 1988년 6월 17일 금융회사인 S사가 P사에 대한 적대적 인수·합병을 선언했다. 이 발표 일주일 후 P사의 경영진은 구조조정 실시를 발표하고, 주주총회에서 "주주들에게 중립적"이라는 조건으로 우리사주제도(Employ Stock Ownership Plan)를 승인받아 이를 본격적으로 실시하기에 이르렀다. 이후 P사의 경영진들은 종업원들에게 약 1,000만 달러에 달하는 신주를 발행하고, 급여 중 5%를 우리사주로 수용하도록 하였다.

S사는 같은 해 7월 20일 P사에 대해 주당 40달러의 현금매수를 제안했으나, P사의 경영진은 이를 거절했다. 이에 S사는 매수가를 주당 42달러로 올리면서 적대적 공개매수를 실시하기에 이르렀다. P사의 경영진은 대규모 부채를 통해 약 1,600만 달러의 주식을 시장으로부터 매입하여 우리사주조합에 출연했고, 그 결과 우리사주조합은 P사의 주식 약 2,600만 달러, 지분율로는 20%의 주식을 보유하게 되었다.

이에 S사는 P사의 이사들이 적대적 인수·합병을 방해하기 위해 우리사주제도를 채택하고 S사와의 예정된 이사회 일정을 변경하는 등 이사회의 신인의무를 위반했다는 이유로 법원에 소를 제기했다. 소송에서 S사는 P사의 우리사주제도가 자신들을 인수에서 소외시키고 있다고 주장했다.

관계법령

- **근로자복지기본법 제27조[우리사주제도의 목적]** 우리사주제도는 근로자로 하여금 우리사주조합을 통하여 당해 우리사주조합이 설립된 회사의 주식을 취득·보유하게 함으로써 근로자의 경제·사회적 지위향상과 노사협력 증진을 도모함을 목적으로 한다.
- **근로자복지기본법 제32조[우리사주조합원에 대한 우선배정]** ① 「증권거래법」 제2조 제13항 제3호의 규정에 의한 주권상장법인 또는 주식을 「증권거래법」 제2조 제12항의 규정에 의한 유가증권시장에 상장하고자 하는 법인이 증권거래법에 따라 주식을 모집 또는 매출하는 경우에 우리사주조합원은 증권거래법 제191조의7의 규정이 정하는 바에 따라 당해 주식을 우선적으로 배정받을 권리가 있다.

② 제1항 외의 법인이 증권거래법에 따라 주식을 모집 또는 매출

하거나, 유상증자를 하는 경우 증권거래법 제191조의7 제1항의 규정에 의한 우선배정비율 범위 안에서 상법 제418조의 규정에 불구하고 우리사주조합원에게 당해 주식을 우선적으로 배정할 수 있다.

– **근로자복지기본법 제32조의2[우리사주매수선택권]** ① 우리사주조합이 설립되어 있는 회사는 발행주식총수의 100분의 20의 범위 안에서 정관이 정하는 바에 따라 주주총회의 결의로 우리사주조합원에게 일정한 기간 이내에 미리 정한 가격으로 신주를 인수하거나 당해 회사가 보유하고 있는 자기주식을 매수할 수 있는 권리를 부여할 수 있다. 다만, 발행주식총수의 100분의 10의 범위 안에서 우리사주매수선택권을 부여하는 경우에는 정관이 정하는 바에 따라 이사회의 결의로 우리사주매수선택권을 부여할 수 있다.

– **근로자복지기본법 제32조의3[우선배정 및 우리사주매수선택권 부여의 제한]** 제32조 및 제32조의2 제1항의 규정에 불구하고 우리사주조합이 설립된 회사는 우리사주조합 또는 우리사주조합원이 이미 보유하고 있는 주식에 우선배정 주식 및 우리사주매수선택권을 행사할 경우 취득할 주식을 합산한 주식수가 신규로 발행되는 주식과 이미 발행된 주식을 합산한 주식의 총수의 100분의 20을 초과하도록 우선배정하거나 우리사주매수선택권을 부여할 수 없다.

Ⅱ. 경영윤리와 법적 쟁점

1. 근로자 복지 및 기업인수 공정성 사이의 실제적 조화

우리사주제도라는 경영수단으로 인해 초래될 수 있는 결과로는 크게 다음과 같은 세 가지가 있다. ① 첫째는 근로자 복지의 도모이다. 종업원이 자사주를 보유하게 됨으로써 임금 이외에도 배당금 등을 향유할 수 있어 장기적인 재산형성을 촉진할 수 있다. ② 둘째는 기업 M&A 시장에서 인수거래의 공정성을 해한다는 점이다. 예컨대 대주주의 지분보유율이 20%인 기업을 인수하고자 하는 자가 15%의 지분을 매집한 경우 그는 6%의 지분만 더 매집하면 경영권을 장악할 수 있게 되는데, 대주주가 우리사주제도를 이용해서 25%까지 의결권을 장악하게 되는 경우 매집자는 11%의 지분을 더 매집해야만 경영권을 장악할 수 있게 되어 인수거래의 공정성을 해할 수 있다. 마지막으로는 ③우리사주제도가 성과급을 대체하는 수단으로 이용될 수 있는 가능성이다. 이 중에서는 ①근로자 복지의 도모만이 윤리적 측면에서 긍정적이고, ②인수거래의 공정성을 해하거나 ③성과급을 대체하는 수단으로 이용될 가능성은 윤리적 측면에서 부정적이다.

이와 같은 상황에 직면하여 법은 긍정적 요소를 촉진하고 부정적 요소를 제어하는 기능을 수행해야 한다. 특히 우리사주제도가 부당한 경영권 방어의 편법이 되는 것을 차단할 필요가 있다. 따라서 법은 근로자복지와 기업인수의 공정성을 동시에 실현해야 하는 과제를 안고 있으며, 이와 같은 과제는 근로자 복지와 기업인수의 공정성 간에 실제적 조화를 도모하는 것으로 실현될 수 있다.

2. 우리사주제도의 운영현실 및 이에 따른 경영윤리

우리사주제도에는 우리사주조합원에게 우리사주매수선택권을 부여하거나(근로자복지기본법 제32조의2), 주식을 모집 또는 매출하는 경우 우리사주조합원에게 주식을 우선적으로 배정(근로자복지기본법 제32조)하는 두 가지 형태가 있다. 이와 같은 우리사주제도의 운영으로부터 기대되는 효과로는 ⓐ 근로자 복지의 도모, ⓑ 근로자들의 경영참여 촉진, ⓒ 경영권 방어 역량의 강화

세 가지를 들 수 있다. 이 중 근로자들의 경영참여 촉진(ⓑ)이란 효과는 우리사주의 재원이 어떻게 구성되느냐에 따라 상당히 달라질 수 있다. 즉 우리사주의 재원이 조합원들의 출연에 의해 구성되는 경우에는 경영참여 촉진의 효과를 인정할 수 있는데 반해(이하 아래 표의 평가점수 +1), 회사의 출연으로 이루어지는 경우에는 이와 같은 효과를 사실상 기대하기가 어렵다(-1).[16] 그러나 우리사주제도에 의한 근로자 복지 도모의 효과(ⓐ)는 그 재원구성이 조합원들의 출연에 의한 것인지, 아니면 회사의 출연에 의한 것인지와 관계없이 매우 강하다(+3). 근로자 복지의 도모야말로 우리사주제도의 본질을 이루는 요소이기 때문이다. 이와 같은 우리사주제도의 두 가지 기대효과의 현실 — ⓐ의 경우에는 재원구성과 관계없이 어느 경우에나 매우 강하게 인정되므로 특히 ⓑ의 현실 — 에 따라 우리사주제도의 마지막 기대효과인 경영권방어 역량 강화 효과의 윤리성에 대해 다른 판단을 내릴 수 있을 것인데, 아래 표는 이를 잘 보여준다.

재원구성 / 기대효과	조합원 출연	회사 출연
ⓐ	+3	+3
ⓑ	+1	-1
ⓒ	ⓐ와 무관하게 인정	ⓐ의 반사적 효과로만 인정

〈우리사주 취득을 위한 재원구성에 따른 기대효과의 실현 정도〉

16) 2007년 7월을 기준으로 우리사주 취득을 위한 재원을 살펴보면, 유가증권상장법인의 경우 조합원 출연의 경우가 81.44%, 회사 출연의 경우가 16.89%에 이른다. 그 뒤로는 대주주 등의 출연이 0.38%, 조합 차입이 0.29%를 차지하고 있다(한국증권금융[주]의 우리사주지원센터사이트 www.ceso.or.kr 참조).

우선 우리사주 취득을 위한 재원이 조합원의 출연에 의해 구성되는 경우에는 우리사주제도의 본질을 이루는 근로자 복지의 측면이 매우 강하고(+3), 우리사주제도는 근로자들의 경영참여를 촉진시키는 기능까지도 수행한다(+1). 이러한 현실에서라면, 우리사주제도의 본질을 이루는 근로자 복지의 도모와 무관한, 경영권 방어를 위한 우리사주제도도 윤리적인 것으로 보아야 할 것이다.

그러나 회사의 출연에 의해 우리사주를 취득하는데 필요한 재원이 마련되는 경우에는 근로자복지의 측면이 매우 강하다는 점(+3)에서는 위의 경우와 동일하지만, 우리사주제도를 통한 근로자들의 경영참여는 사실상 무력화될 수밖에 없다(-1). 우리사주 취득을 위한 재원이 회사의 출연에 의해 구성되는 경우에는 경영자와 근로자가 서로 협조적인 관계를 이룰 수밖에 없기 때문이다. 따라서 이 경우에 우리사주제도는 결국 근로자 복지를 향상시키는 기능만을 담당한다. 여기서 경영권 방어는 단지 근로자 복지 도모의 반사적 효과로서만 인정될 수 있다. 즉 근로자 복지를 도모하기 위해 우리사주제도를 실시하다 보니 부수적으로 경영권까지 방어되게 되는 결과가 초래될 수 있는 것뿐이다. 그러므로 이와 같은 상황에서는 근로자 복지 도모와는 무관하게 경영권만을 방어하기 위한 우리사주제도는 비윤리적인 것이 된다.

그러나 우리나라 「근로자복지기본법」은 이와 같은 구별 없이, 우리사주조합원에 대해 우선배정하거나 우리사주매수선택권을 부여할 수 있는 한도를 20%로 규정하고 있다(제32조의3). 하지만 이와 같은 20%의 상한은, 특히 재원이 회사의 출연에 의해 조달되는 경우에는, 너무 높은 것으로 생각된다. 만약 대주주가 20%의 지분을 보유하고 있다고 한다면 우리사주조합의 지분보유율을 합칠 경우 40%가 될 수 있는데, 이렇게 되면 적대적 M&A로부터 완전히 벗어나 경영권 방어가 너무나 안정화된다는 문제가 발생할 수 있기 때문이다. 즉 이와 같은 경우에는 법이 경영윤리에 완전히 반하게 되는 결과가 초래될 수 있다.

3. 공익재단과 우리사주제의 비교

우리사주제의 윤리성에 대한 판단은 공익재단과의 비교를 통해 더욱 명확해질 수 있다. 회사가 공익재단에 현금을 출연하면, 공익재단은 이 출연금으로부터 발생하는 금리를 가지고 공익사업을 추진한다. 이와 같은 현금출연에 더하여 재단은 출연회사의 주식을 보유하기도 한다. 시민단체는 이처럼 재단이 출연회사의 주식을 보유하는 것은, 출연회사의 경영권 방어수단으로 악용하기 위한 것이라며 이를 금지해야 한다고 주장하기도 한다.

그러나 공익재단으로 하여금 출연회사의 주식을 보유하지 못하도록 하는 것은 공익재단의 발전을 위해서도 좋지 않다. 즉 공익재단이 보유하는 재원의 절반 정도는 출연회사와 운명을 같이하게 할 필요가 있다. 이로부터 발생할지 모를 경영권 방어수단으로의 악용 문제는 공익재단 이사들의 선관주의의무에 맡기면 되는 것이다. 다만 공익재단의 경우 그와 같은 재단의 활동이 공익을 실현하는데 지향이 되어 있지만, 우리사주제도의 경우에는 이를 통해 근로자들에게만 혜택이 돌아간다는 차이가 있다. 따라서 우리사주의 경우에는 경영참여의 현실과 비례관계를 이룰 필요가 있다는 점을 염두에 두어야 할 것이다.

Ⅲ. 참고 판례

미국 법원은 우리사주제를 통해 근로자 복지를 도모하는데 따른 반사적 효과로서의 경영권 방어는 합법적이라고 판시한 바 있다.

> [ESOP를 이용한 경영권 방어의 적법성] Shamrock사는 ESOP의 채택이 이사의 신인의무에 위반된다고 주장하나, ESOP는 공개매수 이전에 시작되었고, 이에 대한 결정은 종업원들이 행한 것이며, 이를 채택한 이사들의 행위는 경영판단으로 이해될 수 있다. 이는 적대적 기업인수의 위협을 받고 있는 때에도 마찬가지이다. 다음으로 ESOP가 주주에게 중립적이고 공정한가가 쟁점이 되는데, 이를 평가하는데 있어 가장 중요한 고려사항은 ESOP가 그 자금을 회사로부터 모두 조달 받았는지 여부이다. Polaroid사 ESOP의 자금은 회사나 주주가 아닌 종업원들에 의해 조달되었고, 매달 종업원들의 임금 중 5%가 ESOP 자금으로 유입되었다. 따라서 이는 주주중립성에 반하지 않는다. 또한 ESOP의 목적이 생산성의 향상에 있었고, 이는 종업원의 도덕성과 생산성에 대한 유인이 되었다는 점에서 주주에게도 긍정적이라고 평가할만하다. 따라서 소송이 계속되는 가운데 ESOP를 채택한 행위 자체는 전혀 하자가 없는 정당한 것이다(Shamrock Holdings, Inc. v. Polaroid Corp., 559 A.2d 257, 269-70[Del.Ch.1989]).

연습문제

A사는 군수업을 영위하는 회사이다. 1981년 9월 24일, B사는 자신의 자회사인 C사를 통해 A사 주식 70%을 매입하여 A사를

인수하겠다고 발표했다. 당시 B사는 A사 주식의 시장가격의 거의 두 배인 주당 $45를 제시하였고, B사는 또한 A사의 나머지 주식 30%도 곧 사들이겠다고 발표했다. 이에 대항하여 A사는 ESOP를 통해 공개시장에서 자사주를 매입할 것이라고 공시했다. 이후 B사는 A사의 인수를 포기하였으나, ESOP를 통해 자사주를 매입할 것이라던 A사는 자금부족으로 공개매수에 실패하였다. 이에 A사 ESOP는 총 2000만 달러의 손해를 입게 되었고, ESOP 소속 종업원들은 ESOP 담당 이사인 甲을 상대로 신인의무 위반을 이유로 소를 제기하였다.

[9] 담　　합

Ⅰ. 경영 사례

카드시장에서 높은 시장점유율을 보유하고 있는 3대 카드회사인 A, B, C카드사들은 1999년 1월 20일부터 22일까지 중고자동차 할부금리를 동시에 인하했다. A카드(주)는 1999년 1월 20일 할부금리를 종전 26% 내지 28%에서 25%로 인하했고, B카드(주) 역시 같은 날 종전 28%인 할부금리를 25%로 인하했다. 두 회사의 인하조치가 있고 이틀 후인 1월 22일 C카드(주) 또한 할부금리를 종전 27% 내지 28%에서 25%로 동일하게 인하했다. A, B, C카드(주)가 동일하게 인하한 중고자동차 할부금융시장은 금융변동정보(할부금리 및 할부조건에 관한 정보)가 개방되는 특징을 갖고 있다.

관계법령

- 독점규제 및 공정거래에 관한 법률 제19조[부당한 공동행위의 금지] ① 사업자는 계약·협정·결의 기타 어떠한 방법으로도 다른 사업자와 공동으로 부당하게 경쟁을 제한하는 다음 각호의 1에 해당하는 행위를 할 것을 합의하거나 다른 사업자로 하여금 이를 행하도록 하여서는 아니된다.

1. 가격을 결정·유지 또는 변경하는 행위

2. ~ 8. (생략)

⑤ 2 이상의 사업자가 제1항 각 호의 어느 하나에 해당하는 행위를 하는 경우로서 해당 거래분야 또는 상품·용역의 특성, 해당 행위의 경제적 이유 및 파급효과, 사업자 간 접촉의 횟수·양태 등 제반사정에 비추어 그 행위를 그 사업자들이 공동으로 한 것으로 볼 수 있는 상당한 개연성이 있는 때에는 그 사업자들 사이에 공동으로 제1항 각 호의 어느 하나에 해당하는 행위를 할 것을 합의한 것으로 추정한다.

- 독점규제 및 공정거래에 관한 법률 제21조[시정조치] 공정거래위원회는 제19조(부당한 공동행위의 금지) 제1항의 규정을 위반하는 행위가 있을 때에는 당해사업자에 대하여 당해행위의 중지, 시정명령을 받은 사실의 공표 기타 시정을 위한 필요한 조치를 명할 수 있다.

- 독점규제 및 공정거래에 관한 법률 제22조[과징금] 공정거래위원회는 제19조(부당한 공동행위의 금지)제1항의 규정을 위반하는 행위가 있을 때에는 당해 사업자에 대하여 대통령령이 정하는 매출액에 100분의 10을 곱한 금액을 초과하지 아니하는 범위안에서 과징금을 부과할 수 있다. 다만, 매출액이 없는 경우등에는 20억원을 초과하지 아니하는 범위안에서 과징금을 부과할 수 있다.

위반시 형사처벌:
3년 이하의 징역 또는 2억원 이하의 벌금(독점규제 및 공정거래에 관한 법률 제66조 제1항 제9호)

Ⅱ. 경영윤리와 법적 쟁점

1. 담합의 두 가지 순환 가능성

경쟁사들 간의 담합으로 인해 초래되는 결과로는 다음과 같은 두 가지 가능성을 생각해볼 수 있다.

A	합의 → 공동행위 → 경쟁제한(완전경쟁시장의 구축에 장애가 됨) → 시장마비 = 독점지위남용 → 소비자에 불리
B	합의 → 공동행위 → 출혈경쟁의 방지(→ 정상수익률 유지) → 산업의 건전성 유지(→ 기업의 도산 방지) → 소비자에 유리

경영자들이 담합 시에 고려하게 되는 경영판단에는 ⓐ 합의를 할까 말까, 즉 합의여부에 관한 것 뿐 아니라, ⓑ 공동행위가 위의 A순환으로 가게 될지 아니면 B순환으로 가게 될지에 대한 판단도 포함된다. 그러나 법은 담합을 A순환으로만 바라본 채, 합의여부만을 고려한다.

2. 경영윤리적 관점에서 합의 및 경쟁제한성에 대한 판단

담합에서는 특히 합의와 경쟁제한성이라는 두 가지 고려사항이 중요하다.

1) 정보교환의 불법화로 인한 법과 윤리의 간극 담합을 언제나 A순환으로 바라보게 하는데 가장 크게 기여하는 것이 바로 합의이다. 이와 같은 합의는 ㉠ 정보화, ㉡ 정보교환, ㉢ 협조의사, ㉣ 공모·의도의 네 단계로 유형화될 수 있다. 정보화는 정보를 수집하고 이를 바탕으로 경영전략적 판단을 내리는 과정인데, 이를 통해서는 '인식 있는 병행행위'의 가능성이 열린다. 정보교환은 실무적으로 주로 과·부장급회식에서 이루어지며 경쟁사들 간에 서로 정보를 교환하는 과정으로, '의식적 동조행위'[17]로 이어지기가 쉽다.[18] 협조의사로부터는 소극적·묵시적

17) 의식적 동조행위란 주로 과점시장에서 발생하는데, 사업자 상호간에 연락은 없으나 상대방의 행위를 상호예측·인식함으로써 동일한 행위를 행하는 것을 말한다. 의식적 동조행위와 담합의 구별에 대해 자세히는 Michael K. Vaska, "Conscious parallelism and price fixing: defining the boundary", The university of chicago law review Vol. 52, No. 2(spring, 1985), 508~535쪽 참조.

18) 경제법학자들은 '인식 있는 병행행위'와 '의식적 동조행위'를 동일한 것으로 바라보지만, 이 둘은 구별되어져야 한다. 예컨대 특정 제품에 대해 경쟁사와 동일한 가격을 책정하게 된 경우를 가정한다면, '인식 있는 병행행위'는 경쟁관계에 있는 상대회사의 가격책정은 인식했지만 그것이 제품의 가격을 결정하는 원인이 된 것은 아니고 다양한 가격결정요인들을 고려하여 가격을 책정한 결과 그 가격이 결과적으로 경쟁회사의 가격과 일치하게 된 경우를 의미하는데 반해, '의식적 동조행위'는 가격결정요인들을 종합적·합리적으로 판단해볼 때 경쟁회사의 가격과 다른 가격을 책정하는 것이 경영합리적일 수 있음에도 불구하고, 경쟁회사의 가격을 의식하여 다른 가격결정요인들을 무시하고 경쟁회사와 동일한 가격을 책정하는 경우를 의미한다. 이러한 차이에도 불구하고 '인식 있는 병행행위'와 '의식적 동조행위'에는 가격결정에 관한 의사합치가 존재하지 않는다는 공통점이 있으며, 따라서 이 둘은 그것이 구속력을 갖는 것(적극적·명시적 합의)이든, 구속력을 갖지 않는 것(소

합의를 인정할 수 있으며, 공모·의도로부터는 적극적·명시적 합의를 인정할 수 있다.

정보의 수집이나 교환 없이는 결코 경영을 할 수 없고, 따라서 경영의 합리성을 실현하기 위해서는 정보의 수집과 교환이 요구된다는 점으로부터, 정보화와 정보교환은 윤리경영에 해당한다고 할 수 있다. 반면에 좁게 보면 적극적·명시적 합의가 인정되는 공모·의도만 비윤리적이고, 넓게 보면 이에 더하여 소극적·묵시적 합의가 인정되는 협조의사까지를 비윤리적이라고 볼 수 있다. 그러나 우리 법은 비윤리적인 것으로 인정되는 공모·의도 및 협조의사에서 한 걸음 더 나아가, 윤리적이라고 인정되는 '정보교환'까지도 불법적인 것으로 보고 있다. 그러므로 정보교환은 경영합리성에는 어긋나지 않지만, 법적으로는 불법이라는 판단을 받게 된다. 게다가 정보교환은 담합으로 적발되는 행위가 대부분 위치하는 지점이기도 하다. 이와 같이 정보교환에 있어서는 윤리와 법의 괴리가 발생한다. 즉 비윤리적이지 않은 경영행위로서의 정보교환이 불법적인 경영행위로 낙인찍히게 되는 것이다. 이는 '합의추정' 및 '개연성을 인정할 수 있는 제반사정'을 통해 합의개념을 확장(법 제19조 제5항)시켜 놓음으로써 가능해졌다.

2) 경쟁제한성의 필요조건으로서 독과점지위상태 경쟁제한성에 대한 판단은 결국 A순환으로 갈지, 아니면 B순환으로 갈지에 대한 판단이다. 여기서는 시장획정이 가장 문제되고, 다음으로는 독과점, 경쟁 상태에의 접근 등 시장의 구조에 대한 판단이 문제된다. 그러나 이는 고도로 불확실한 판단일 수밖에 없다.

극적·묵시적 합의)이든 의사합치가 존재하는 경우와는 구별될 수 있다.

경쟁제한상태가 독과점지위상태를 유발시킨다는 일반적 인식과 달리, 사실은 독과점지위상태가 전제되어야만 담합이 경쟁제한상태를 유발시킨다고 볼 수 있다. 즉 독과점이 존재하지 않는다면 시장진입에 장애가 존재하지 않으므로, 담합의 폐해가 나타나지 않는다. 독과점이 존재하는 경우(대부분은 과점)에 대해서도 다시 사안을 두 경우로 세분화해서 판단해 보아야 할 것이다.

첫째, 장치산업으로서의 성격이 약하거나 벤처기업인 경우에는 시장진입이 용이하므로 담합의 폐해가 나타나지 않는다. 이 경우에는 오히려 담합이 거시적으로는 소비자에게 유리한 것일 수 있다. 예컨대 甲, 乙, 丙 3사가 전체 두부시장의 65%를 점유하고 있고 수익률은 6% 정도인 상태에서, 원재료가가 30% 인상되자 담합을 통해 가격을 20% 올려 6.1%의 수익률을 유지하기로 했다고 가정하자. 이 경우 만약 가격담합을 통해 두부의 가격을 인상하지 않는다면, 기업의 수익률이 하락하여 재무상태가 악화되고 결국 동일한 제품을 생산하는 외국기업들에게 시장을 잠식당하게 되는 결과가 되리라는 점을 쉽게 짐작할 수 있다. 따라서 이와 같은 경우에 유사한 수익률을 유지하기 위해 가격인상담합을 하는 것은 시장의 건전성을 유지하기 위한 것으로써 거시적으로는 소비자에게도 이익이 되는 B순환의 담합이 되는 셈이다.

둘째, 장치산업으로서의 성격이 강한 경우에는 그 결과가 다를 수 있다. 만약 甲, 乙, 丙 3사가 통신회사로서 평균수익률이 15%인데 가격인상담합을 통해 수익률을 17%까지 올렸다면, 통신사업은 인프라 구축비용이 어마어마하게 드는 이른바 장치산업이므로 이와 같은 담합은 다른 기업이 시장에 진입하는 것을 막는 A순환의 담합이라고 볼 수 있다.

이처럼 수익률, 산업의 성격 등이 모두 제반사정으로서 고려되어야 함에도 불구하고 법은 사실상 A순환의 담합과 B순환의 담합을 전혀 구분하지 않고, 모든 담합을 A순환으로만 바라본다. 이곳이 바로 법과 윤리의 간극이 발견되는 지점이다.

3. 동의명령제 도입의 필요성

합의와 경쟁제한성에 대한 판단에는 모두 불확실성이 내재해 있다. 공정위와 기업의 지리한 협상은 바로 이처럼 불확실성이 존재하는 영역에서 이루어진다. 공정위는 조사 결과를 토대로 시정명령, 과징금부과, 형사고발을 할 수 있다. 그러나 형사고발은 현실적으로 거의 이루어지지 않고 있으며, 다만 여론이 악화되는 경우 부장급들을 형사고발함으로써 사건은 종결된다. 그러나 기업실무에서 부장급들의 정보교환 없이 경영을 하는 것이 불가능함은 앞서 살펴본 바와 같다.

그리하여 이와 같이 불확실성이 존재하는 영역에서 다이버전(Diversion)의 하나로서 등장한 것이 바로 동의명령제(Consent Order)이다. 동의명령제란, 공정거래법 위반과 관련된 사건의 조사·심의 과정에서 피심인이 혐의 사실을 인정하고 시정방안을 제안할 경우 공정거래위원회가 그 타당성 여부를 검토한 후 피심인과의 합의를 통해 조치방안을 결정하는 처리방식이다. 공정거래위원회의 마이크로소프트 사건[19]을 시작으로 하여, 한미 FTA에서도 공정거래법상 동의명령제를 도입하기로 합의[20]함에

19) 미국이 동의명령제의 도입을 강력히 요구한 계기 중의 하나로 마이크로소프트사건을 드는 견해는 윤세리, 「세계화시대의 공정거래법의 전개방향」, 저스티스 통권 제98호(2007.6), 8쪽.

따라 동의명령제 도입을 주요 내용으로 하는 공정거래법개정안이 입법 예고되어 있다. 그러나 공정거래법개정안에 따르면 담합은 동의명령의 대상에서 제외되어 있다(법 제51조의2). 이는 동의명령 도입에 있어서의 주요쟁점인 형벌권 침해 우려를 불식시키기 위한 정치적 계산에 기인하는 것이지만, 담합보다 소비자 이익을 해하는 정도가 큰 — 그리하여 구조적으로나마 형사불법에 더 접근해 있는 — 개별적 불공정거래행위(독점규제 및 공정거래에 관한 법률 제23조, 제29조, 제32조, 제67조)는 그대로 놔둔 채 담합만을 동의명령의 대상에서 제외시키는 것은 형법이론적 부정합을 발생시키므로 정당화될 수 없다고 할 것이다.

Ⅲ. 참고 판례

담합을 A순환으로만 바라보는 우리 대법원은 공정거래법상의 합의추정규정(제19조 제5항)을 바탕으로 A, B, C카드(주)간에 부당한 공동행위의 성립을 인정하고 있다.

> [합의추정을 번복할 수 있는 사정들에 대한 판단] 독점규제 및 공정거래에 관한 법률 제19조 제5항에 따라 부당한 공동행위의 합의추정을 받는 사업자들이 부당한 공동행위의 합의의 추정을 복멸시킬 수 있는 사정을 판단함에 있어서는, 당해 상품 거래분야 시장의 특성과 현황, 상품의 속성과 태양, 유통구조, 가격결정 구조, 시장가격에 영향을 미치는 제반 내외부적 영향, 각 개별업체가 동

20) 2007년 4월에 타결된 한미 FTA에서 양국은 "각국은 경쟁법 집행당국에 행정적 또는 민사적 집행조치를 상호 합의하에 의해 해결할 수 있는 권한을 부여하여야 한다. 국가는 그러한 합의가 사법적 승인을 거쳐야 함을 규정할 수 있다"고 합의한 바 있다.

종 거래분야 시장에서 차지하고 있는 지위, 가격의 변화가 개별사업자의 영업이익, 시장점유율 등에 미치는 영향, 사업자의 개별적 사업여건에 비추어 본 경영판단의 정당성, 사업자 상호간의 회합 등 직접적 의사교환의 실태, 협의가 없었더라도 우연의 일치가 이루어질 수도 있는 개연성의 정도, 가격모방의 경험과 법 위반 전력, 당시의 경제정책적 배경 등을 종합적으로 고려하여 거래 통념에 따라 합리적으로 판단하여야 할 것이다. 부당한 공동행위의 합의의 추정을 번복할 만한 사정, 즉 외부적으로 드러난 동일한 가격인하행위가 실제로는 합의나 상호간의 요해 없이 각자의 경영판단에 따라 독자적으로 이루어졌음에도 마침 우연한 일치를 보게 되었다거나 조달금리의 안정화와 고객의 인하요구에 부응하기 위해 독자적으로 가격인하행위를 하였다고 볼만한 정황이 있었다는 점 등에 관하여는 이에 부합하는 듯한 증거들은 믿기 어렵거나 달리 이를 인정할 만한 증거가 없고, 그 밖에 부당한 공동행위의 합의추정을 복멸할 다른 사정도 인정되지 아니한다(대판 2004.10.18, 2002두7456).

연습문제

국내 보험사인 A사 등 10개 보험사는 2000년 4월 일반손해보험 부가율의 자율화를 앞두고, 1999년 12월부터 2000년 3월 사이에 손해보험협회 6층 회의실 또는 보험개발원 회의실 등에서 수리부서장 회의와 화재특종과장 및 화재특종부장 회의를 수차례 개최하였다. 본 회의에서는 일반손해보험 중 10개 주요 보험종목으로 일반화재보험, 공장화재보험, 근로자재해보상보험, 조립보험, 건설공사보험, 적하보험, 선박보험, 기계보험, 전자기기보험, 보통상해보험을 선정하고, 해당 종목의 부가율 및 할인·할증률(SRP) 조정 폭에 대한 논의를 통해 부가율을 일정범위 내에서 회사별로 차별화 — 10개 종목에 대하여 부가율 조정폭을 3~5단계로 나누고 사업실적이 양호한 보험회사는 기존 사용 부가율보다 낮은 부가율을 적용하고, 사업실적이 불량한 회사는 기존 사용 부가율보다 높은 부가율을 적용하며, 사업실적이 평균적인 회사는 기존사용 부가율과 동일한 부가율을 적용하도록 — 하고, 이와 같은 부가율의 차이를 할인·할증율에 의해 상쇄하도록 함으로써 영업보험료와 실제 적용보험료가 일정 범위 내에서 유지될 수 있도록 하였다.

[10] 부당한 지원행위

Ⅰ. 경영 사례

A사는 대규모기업집단으로 지정된 B사의 계열회사로서 종합건설업을 영위하는 회사이다. B사의 또 다른 계열회사인 C사는 자금의 흐름이 원활하지 못하여 경영위기에 처하자, 2000년 3월 20일 결손을 전보하고 장래의 이익배당을 가능하게 하기 위해서 자본감소를 결의하였다. 이에 A사는 2000년 3월 24일 자신이 보유하던 C사의 주식 500,000주(전체 발행주식의 50%에 해당)를 C사에 주당 4,513원에 양도하였다. 당시 C사의 주가는 주당 10,516원에 이르렀다. 그리고 2000년 5월 C사는 A사로부터 취득한 자기주식 500,000주를 소각하였다.

관계법령

- **독점규제 및 공정거래에 관한 법률 제23조[불공정거래행위의 금지]** ① 사업자는 다음 각 호의 어느 하나에 해당하는 행위로서 공정한 거래를 저해할 우려가 있는 행위를 하거나, 계열회사 또는 다른 사업자로 하여금 이를 행하도록 하여서는 아니된다.

7. 부당하게 특수관계인 또는 다른 회사에 대하여 가지급금·대여금·인력·부동산·유가증권·상품·용역·무체재산권등을 제공하거나 현저히 유리한 조건으로 거래하여 특수관계인 또는 다른 회사를 지원하는 행위

- **독점규제 및 공정거래에 관한 법률 제24조[시정조치]** 공정거래위원회는 제23조 제1항의 규정에 위반하는 행위가 있을 때에는 당해사업자에 대하여 당해불공정거래행위의 중지, 계약조항의 삭제, 시정명령을 받은 사실의 공표 기타 시정을 위한 필요한 조치를 명할 수 있다.
- **독점규제 및 공정거래에 관한 법률 제24조의2[과징금]** 공정거래위원회는 제23조 제1항의 규정을 위반하는 행위가 있을 때에는 당해사업자에 대하여 대통령령이 정하는 매출액에 100분의 2(제7호의 규정에 위반한 경우에는 100분의 5)를 곱한 금액을 초과하지 아니하는 범위안에서 과징금을 부과할 수 있다. 다만, 매출액이 없는 경우 등에는 5억원을 초과하지 아니하는 범위안에서 과징금을 부과할 수 있다.

위반시 형사처벌:
2년 이하의 징역 또는 1억5천만원 이하의 벌금(독점규제 및 공정거래에 관한 법률 제67조 제2호)

Ⅱ. 경영윤리와 법적 쟁점

1. 리스크 관리 전략으로서의 부당지원

현행 「독점규제 및 공정거래에 관한 법률」은 부당지원행위를 금지하고, 이에 위반한 경우 시정조치, 과징금, 형사제재 등을 가할 수 있도록 규정하고 있다(제23조 제1항 제7호, 제24조, 제24조의2, 제67조 제2호). 그러나 부당지원행위는 계열회사 등에 출자하여 '지분법상의 평가 이익'을 누리는 기업에게 있어 '리스크 관리 전략'의 하나가 될 수 있다. 위의 사안에서도 만약 C사가 경영위기를 극복하지 못하고 결국 도산하게 된다면, C사에 출자하고 있는 B사도 이로 인해 큰 타격을 입게 된다. 따라서 모기업은 계열회사의 경영이 악화된 경우, 이것이 자사에 미치게 될 손실을 미리 예측하고 이를 관리하기 위한 경영판단을 해야만 한다. 이러한 경우 기업들이 리스크 관리 전략으로서 가장 많이 이용하는 것이 위 사안에서와 같은 '부당지원행위'이다. 현실적으로 경영위기에 처한 계열회사는 부채비율이 높고, 채무보증제한 기업집단에 속할 경우에는 모기업이 계열회사의 대출에 '채무보증'을 해주는 것도 공정거래법에 의해 금지되어 있으므로(제10조의2), 계열회사가 금융기관으로부터 대출을 받는 것은 거의 불가능하다. 그리하여 모기업은 다른 계열회사 등을 통해 경영위기에 직면한 계열회사를 지원해 줌으로써 당해 계열회사의 회생을 도모할 뿐 아니라, 자사의 '경영 리스크'도 관리하는 전략을 펼친다. 더욱이, 모기업이 지주회사여서 대부분의 수익이 '지분법 평가 이익'으로부터 도출되는 경우라면 이와 같은 '리스크 관리의 필요성과 정당성'은 더욱 커질 것이다.

2. 효용성과 공정성의 실제적 조화

그러나 다른 한편 부당지원행위는 공정경쟁을 해하는 측면도 있다. 이러한 측면은 크게 세 가지 양상으로 나타나는데, ① 첫째, 시장의 조정기능을 훼손하고, ② 둘째, 기업집단에 속한 기업의 경쟁력을 부당하게 향상시키며, ③ 셋째, 경제력집중을 야기한다.

① 우선 부당지원행위는 시장의 수급논리를 훼손시킨다. 가령 이 사안과 다른 예를 들어 보자. D사가 아파트건설공사에 대해 도급계약을 맺고자 하는 경우, D사의 계열사인 E사는 2,400억 원을 요구하는 반면 D사의 계열사가 아닌 F사는 2,000억 원을 요구하는 경우, D사가 가격이 더 싼 F사와 계약을 체결하는 대신 자신의 계열사인 E사와 계약을 체결(부당지원행위)하는 경우이다. 시장이 완전하려면 수요와 공급에 따라 가격이 형성되어야 하고, 따라서 D사는 E사와 계약을 체결해야 함에도 불구하고 자신의 계열사인 F사와 계약을 체결함으로써 완전경쟁이란 시장의 논리를 해하게 된다.

② 다음으로는 특히 중소기업과 비교할 때, 중소기업이었다면 금융기관으로부터 대출을 받지 못해 결국 도산하였을 것인데 기업집단에 속한 기업이라는 이유로 부당한 지원을 받아 도산을 면하게 된다는 점에서, 부당한 지원행위는 기업집단에 속한 계열회사의 경쟁력을 부당하게 향상시킨다.

③ 마지막으로 이상에서와 같이 시장의 논리에 따른다면 도

산함이 마땅한 계열회사에 대해 부당지원을 해줌으로써 그 회사를 도산으로부터 구제하고 이를 통해 모기업 또한 경영 리스크를 관리할 수 있게 된다면, 기업집단으로의 경제력집중은 한층 더 커질 수밖에 없을 것이다.

이상에서와 같이 부당지원행위가 효용성을 제고시키는 측면과 공정성을 해하는 측면을 모두 갖고 있어 효용성과 공정성이 서로 충돌하게 된다면, 법은 이러한 충돌을 실제적으로 조화시키는 역할을 수행해야만 한다.

3. 법과 경영윤리, 사회정의의 구분

현행 공정거래법은 '현저히 부당한' 지원행위만을 통제하는 방식으로 그런 역할을 수행하고 있다. 이는 합리적인 경영윤리이기도 하다(뒤의 그림에서 안쪽 원). 부당지원행위의 경영리스크관리라는 경영전략적 효용성은 외면하고 공정성에 대한 훼손만을 바라보는 입장은 도덕주의적 경영윤리라고 할 수 있다(뒤의 그림의 중간원). 이 도덕주의적인 경영윤리는 한 걸음 더 강화되기도 한다. 일부 시민단체들은 예컨대 지원행위가 편법상속을 통한 경영권 승계나 모기업 대주주에 의한 개인회사 지원과 같이 리스크 관리 이외의 다른 목적을 추구하고 있는 경우라면, 그 지원행위가 '현저히' 부당하지 않더라도 처벌할 것을 요구한다.[21] 이와 같은 요구는 도덕주의적 '경영윤리'의 수준을 넘어선다. 왜냐하면

21) 경제실천정의시민연합은 1998년 1월 24일, 「SK 그룹 편법 증여와 부당 내부거래에 관한 <경실련> 입장」이란 성명서를 통해 모기업이 계열사들과 시세보다 낮은 금액으로 계약을 체결하거나, 과다수수료 책정으로 과다한 이익을 계열사에 넘겨주는 행위들이 편법 증여를 위해 이루어지는 경우에는 정부의 강한 규제가 필요하다고 주장 한 바 있다(http://www.ccej.or.kr 경제성명/보도자료실 참조).

그런 요구는 경영윤리보다는 부의 공평분배, 부의 사회적 환원 등과 같은 '배분적 사회정의'로부터 도출되는 것이기 때문이다(아래 그림 바깥 원). 여기서 법과 합리적 경영윤리, 도덕주의적 경영윤리 그리고 배분적 사회정의를 구분할 필요가 있다.

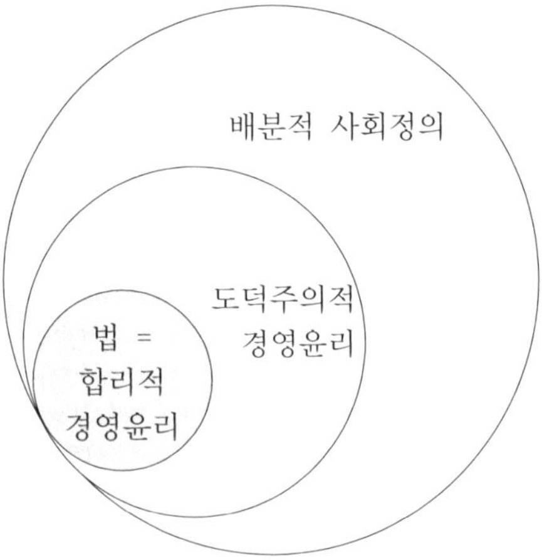

〈법의 통제영역과 경영윤리의 통제영역〉

이 구분에서 배분적 사회정의, 그러니까 편법상속을 통한 경영권 승계나 모기업 대주주의 개인회사에 대한 지원 등은 법적으로 볼 때에는 형법상의 배임죄나 세법상의 탈세문제로 해결해야 할 사항이지, 공정거래법이 떠맡을 사항은 아니다.

Ⅲ. 참고 판례

법원은 부당지원행위에서의 현저성 및 부당성을 판단하는 기준으로 매우 다양한 간접사실들을 들고 있다.

[현저성 및 부당성 판단 기준] ① **현저성**: 현저히 유리한 조건의 거래에 해당하는지 여부를 판단함에 있어서는 급부와 반대급부 사이의 차이는 물론 지원성 거래규모와 지원행위로 인한 경제상 이익, 지원기간, 지원횟수, 지원시기, 지원행위 당시 지원객체가 처한 경제적 상황 등을 종합적으로 고려하여 구체적·개별적으로 판단하여야 한다. ② **부당성**: 부당지원행위가 성립하기 위하여는 지원주체의 지원객체에 대한 지원행위가 부당하게 이루어져야 하는 바, 지원주체의 지원객체에 대한 지원행위가 부당성을 갖는지 유무를 판단함에 있어서는 지원주체와 지원객체의 관계, 지원행위의 목적과 의도, 지원객체가 속한 시장의 구조와 특성, 지원성 거래규모와 지원행위로 인한 경제상 이익 및 지원기간, 지원행위로 인하여 지원객체가 속한 시장에서의 경쟁제한이나 경제력 집중의 효과 등을 종합적으로 고려하여 당해 지원행위로 인하여 관련 시장에서 경쟁이 저해되거나 경제력 집중이 야기되는 등으로 공정한 거래가 저해될 우려가 있는지 여부에 따라 판단하여야 한다(대판 2006.7.27, 2004두1186).

그러나 이처럼 판단기준이 되는 간접사실들이 매우 다양한 경우에는, 오히려 특정한 간접사실들을 선택하는데 있어 "법관의 의지적 결단과 그의 특유한 정서적 감응의 메커니즘"[22]이 작용하기 때문에, 부당지원행위에 해당하는지의 여부가 이에 의해 좌우될지 모른다는 문제가 생긴다.

연습문제

A사는 1998년 4월 22일, 자신의 기업집단내 계열회사인 B사가 주주우선공모방식으로 액면가 5,000원을 최저발행가로 하여

22) 이상돈, 『새로쓴 법이론』, 세창출판사, 2005, 69쪽.

실시한 1,500억 원의 유상증자에 따른 실권주 전액을 인수하는 총액인수계약을 체결하였다. 당시 B사는 자금조달의 악화로 경영난에 허덕이고 있었고, 인수계약 당시의 주가는 4,850원으로 하향세였다. 이후 1998년 6월 8일부터 같은 달 9일까지의 주주 청약 및 같은 달 15일부터 16일까지의 실권주에 대한 일반공모 결과 1,500억 원 중 915억 7,900만 원만이 청약되고 나머지 684억 2,100만 원 상당의 실권주가 발생하였다. 이에 A사는 위 총액인수계약에 따라 B사의 실권주 전액을 인수하였다. 또한 1998년 6월 16일 C금융주식회사는 B사의 실권주 140만 주(70억 원 상당)를 청약하였고, 같은 달 27일 A사는 C사의 실권주 96만 7,000주(48억 3,500만 원 상당)를 인수하였다.

[11] 시장지배적 지위남용

Ⅰ. 경영 사례

A사는 1997년 윈도우 98에 윈도우미디어플레이어(WMP)를 결합하여 판매한 이후, 후속 윈도우 PC 운영체제에도 윈도우미디어플레이어를 결합하여 판매하였다. 이후 2000년 9월부터 윈도우 Me에는 MSN 메신저를, 2001년 10월부터는 윈도우 XP에 윈도우 메신저(WM)를 결합하여 판매했다. 이에 공정거래위원회는 이 행위가 시장지배적 지위남용행위 및 불공정거래행위에 해당된다는 이유로 시정명령 및 과징금부과명령을 의결하기에 이르렀다. 그러나 A사는 윈도우 PC 운영체제에 윈도우미디어플레이어, 윈도우메신저 등 응용프로그램을 결합한 행위는 컨버전스(Convergence) 시대의 기능통합행위이므로 단순히 시장지배적 사업자라는 이유로 정상적인 사업행위를 제약받는 것은 부당하다

며 이의를 제기했다.

관계법령

- **독점규제 및 공정거래에 관한 법률 제2조[정의]** 이 법에서 사용하는 용어의 정의는 다음과 같다.

7. "시장지배적사업자"라 함은 일정한 거래분야의 공급자나 수요자로서 단독으로 또는 다른 사업자와 함께 상품이나 용역의 가격·수량·품질 기타의 거래조건을 결정·유지 또는 변경할 수 있는 시장지위를 가진 사업자를 말한다. 시장지배적사업자를 판단함에 있어서는 시장점유율, 진입장벽의 존재 및 정도, 경쟁사업자의 상대적 규모 등을 종합적으로 고려한다. 다만, 일정한 거래분야에서 연간 매출액 또는 구매액이 10억원 미만인 사업자를 제외한다.

- **독점규제 및 공정거래에 관한 법률 제3조의2[시장지배적지위의 남용금지]** ① 시장지배적사업자는 다음 각호의 1에 해당하는 행위를 하여서는 아니된다.

1. 상품의 가격이나 용역의 대가를 부당하게 결정·유지 또는 변경하는 행위
2. 상품의 판매 또는 용역의 제공을 부당하게 조절하는 행위
3. 다른 사업자의 사업활동을 부당하게 방해하는 행위
4. 새로운 경쟁사업자의 참가를 부당하게 방해하는 행위
5. 부당하게 경쟁사업자를 배제하기 위하여 거래하거나 소비자의 이익을 현저히 저해할 우려가 있는 행위

- **독점규제 및 공정거래에 관한 법률 제4조[시장지배적사업자의 추정]** 일정한 거래분야에서 시장점유율이 다음 각호의 1에 해당하는 사업자는 제2조 제7호의 시장지배적 사업자로 추정한다.

1. 1사업자의 시장점유율이 100분의 50 이상
2. 3 이하의 사업자의 시장점유율의 합계가 100분의 75 이상. 다만, 이 경우에 시장점유율이 100분의 10 미만인 자를 제외한다.

- **독점규제 및 공정거래에 관한 법률 제5조[시정조치]** 공정거래위원회는 제3조의2(시장지배적지위의 남용금지)의 규정에 위반하는 행위가 있을 때에는 당해 시장지배적사업자에 대하여 가격의 인하, 당해 행위의 중지, 시정명령을 받은 사실의 공표 기타 시정을 위한 필요한 조치를 명할 수 있다.
- **독점규제 및 공정거래에 관한 법률 제6조[과징금]** 공정거래위원회는 시장지배적사업자가 남용행위를 한 경우에는 당해 사업자에 대하여 대통령령이 정하는 매출액에 100분의 3을 곱한 금액을 초과하지 아니하는 범위안에서 과징금을 부과할 수 있다. 다만, 매출액이 없거나 매출액의 산정이 곤란한 경우로서 대통령령이 정하는 경우에는 10억원을 초과하지 아니하는 범위안에서 과징금을 부과할 수 있다.

위반시 형사처벌:
3년 이하의 징역 또는 2억원 이하의 벌금(독점규제 및 공정거래에 관한 법률 제66조)

Ⅱ. 경영윤리와 법적 쟁점

1. 융합을 통한 새로운 시장의 창출과 부당방해

사안에서 문제된 시장을 윈도우 PC 운영체제 시장(X시장)과 윈도우미디어플레이어 및 윈도우메신저 시장(Y시장)으로 나누어 보면, X시장과 Y시장의 관계는 크게 두 가지 양상을 띠게 될 수 있다. 먼저 두 시장이 불가분의 관계인 경우가 있을 수 있다. 이러한 경우는 위 사안에서 A사가 '컨버전스'(convergence)라고 항변한 것과 같이, 서비스융합이 발생하게 되어 제3의 시장이 만

들어지거나 새로운 재화나 서비스가 출현하게 되어 결국 소비자에게 이익이 된다. 새로운 시장의 창출로 소비자에게 이익이 된다면 이는 '윤리적'이라고 말해질 수 있다. 대표적인 예로 케이블방송과 인터넷서비스의 결합을 들 수 있을 것이다.[23] 케이블수신료에 인터넷 서비스를 끼워 할인판매 한다는 점에서는 끼워팔기와 구조가 유사하지만, 케이블방송과 인터넷서비스의 융합이 멀티미디어의 가능성을 열어 새로운 경쟁의 땅을 만든다는 점에서 시장지배지위의 남용으로는 볼 수 없는 경우이다.

다음으로 두 시장이 철저히 구분되는 경우도 있다. 이러한 경우에는 만약 X시장의 지배자가 그 시장에서의 자신의 지배력을 이용하여 Y시장에서의 경쟁을 제한한다면 이는 끼워팔기, 거래거절 등의 부당방해가 될 수 있다. 경영윤리적으로는 이런 부당방해는 일단 반윤리적인 것으로 잠정 평가할 수 있다. 그러나 법적으로 제재의 대상이 되는 요건으로서 부당성을 판단하는 기준의 하나인 '경쟁제한성'은 행위당시에 사전적(ex ante)으로 예측되는 것이 아니라 사후적(ex post)으로 판단된다. 즉, 법은 사후적으로 경쟁제한이 발생하지 않았다면 시장지배지위 남용행위를 부정하고, 사후적으로 경쟁제한이 발생했다면 시장지배지위 남용행위를 긍정한다. 그에 따라 전자의 경우에는 '합법'이라는 평가를 받게 되고, 후자의 경우에는 '불법'이라는 평가를 받게 된다.

---

23) TV의 네트워크를 통한 외부기기와의 결합이 활성화되면서 디지털 케이블 방송과 인터넷 서비스를 접목시킨 새로운 산업분야가 생성되었는데, 하나로텔레콤에서 시작한 '하나 TV' 브랜드가 그 대표적인 예이다. 이는 디지털 케이블 방송과 IP망을 통한 콘텐츠 서비스의 결합산업으로서 산업 초기 그 성공 가능성이 희박했지만, 현재 가입자가 80만 명을 넘는 시장으로 성장하였다. 이에 대해서는 이춘/조영주/김도식, 「디지털 TV에서의 컨버전스기술」, 대한전자공학회, 전자공학회지 제35권 제2호, 2008. 2., 45쪽 참조.

따라서 두 시장이 철저히 구분되는 경우 한 시장에서의 지배력을 이용하여 다른 시장에서의 경쟁을 제한하는 행위를 반윤리적이라고 한다면, 법이 합법으로 판정하는 경우에는 법과 윤리 사이에 불일치가 발생하게 된다. 이와 같은 내용들을 표로 나타내 보면 아래와 같다.

<table>
<tr><th colspan="2"></th><th>윤리성</th><th>합법성</th></tr>
<tr><td colspan="2">분할이 가능한 시장</td><td>○</td><td>○</td></tr>
<tr><td rowspan="2">분할이 불가능한 시장</td><td>경쟁제한성×</td><td>× (?)</td><td>○</td></tr>
<tr><td>경쟁제한성○</td><td>×</td><td>×</td></tr>
</table>

2. 시장간 경쟁

위 표의 색칠 된 부분은 과연 반윤리적인 것인가? X시장과 Y시장이란 두 시장이 존재하는 경우에, X시장의 지배자인 A기업은 첫째, A´라는 자신의 사업부를 이용하여 Y시장에 진입하거나, 둘째, Y시장에서 활동하는 그러나 그 시장의 지배자는 아닌 C기업과 결합함으로써 Y시장에 진입할 수 있다. 다른 한편 Y시장에서 시장지배력을 가진 기업 — 이를 B기업이라고 칭함 — 도 첫째, B´라는 자신의 사업부를 이용하거나, 둘째, X시장의 D기업과 결합하는 등의 방법으로 X시장에 진입할 수 있는 가능성이 있다.

즉 소비자는 이와 같은 경우 A기업 — C기업(또는 A기업-A´)의 결합과 D기업-B기업(B´-B기업)의 결합이란 패키지(package) 중 선택을 할 수 있게 된다. 그렇게 된다면 A기업이

Y시장에 A´ 사업부로 또는 C기업을 인수하여 진입하는 것이 실제로 경쟁을 제한하는 것인지가 매우 의문시된다. X시장의 A기업이 Y시장에 진입하는 동안, Y의 시장의 B기업이 B´ 사업부를 운영하거나 D기업과 결합하여 X시장에 진입하지 않은 것은 '경쟁을 못한 것'이 아니라, — 시장판단을 잘못하여 새 시장을 개척하지 못한 점에서 — '경쟁에서 실패'한 것이라고 볼 수 있다. 이렇게 볼 때 A기업의 Y시장 진입은 엄밀한 의미에서 경쟁제한과는 관계없게 된다.

기업간의 경쟁은 하나의 시장 안에 갇힌 경쟁이 아니라 오히려 시장을 넘나드는, 새로운 시장을 창출해가는 경쟁이라는 점에서 A 기업의 반윤리성을 근거짓기가 매우 어렵다.

3. 경제력 집중의 윤리적 한계

하지만 만약 A기업이 X시장에서의 지배력을 이용하여 Y시장의 지배력을 갖게 되고, 이를 통해 다시 Z시장에서의 지배력을 갖게 되는 등의 현상이 계속된다면 이는 경제력집중을 야기하게 될 것이다. 이렇게 볼 때, 결국 끼워팔기를 규제하는 것은 '경제력집중'을 방지하고자 하는 숨은 의도를 갖고 있는 것일지 모른다. 그러나 여기서는 두 가지 점에 주의해야 한다. 첫째, 반독점규제와 경제력집중규제가 완전히 다른 것이라는 점이다. 우리의 경우에는 「독점규제 및 공정거래에 관한 법률」에서 두 가지 모두를 규제하고 있지만, 미국의 경우에는 반독점에 대해서만 규제할 뿐 경제력집중에 대해서는 규제하지 않고 있다. 둘째, 경제력집중의 발생과 문어발식 재벌기업의 등장은 서로 구별되어야 한다. 즉 A기업이 X시장에서의 지배력을 이용하여, Y시장, Z시장

등에서의 지배력을 갖게 되는 것이 계속해서 일어나면 경제력 집중은 발생하지만, 모든 경제력 집중이 반윤리적인 것은 아니다. 새로운 시장의 진입과 개척이 기존 사업과 '산업연관성'을 갖고, 특히 컨버전스 현상으로 이루어진다면, 그것은 문어발식 기업확장과는 구별되어야 한다. 그러므로 위 표에서의 색칠된 부분을 반윤리적이라고 단언할 수는 없을 것이다.

물론 산업연관성이 없는 문어발식 재벌의 반윤리성에 대해서도 그 반윤리성이 국민경제적 효율성을 낳기도 한다는 점에서 다른 시각으로 볼 여지가 아주 없는 것도 아니다. 그러나 이 논란은 산업연관성을 가진 기업확장에 따른 경제력 집중과는 구별되어야 한다.

4. 소비자보호의 수준

반독점규제이든 경제력 집중 규제이든 그 기획의 도덕적 핵심에는 이른바 소비자주권의 실현이 자리잡고 있다. 그런데 오늘날 소비자주권이라 함은, 소비자가 단순한 보호객체에서 벗어나 상품에 대한 정보 및 선택권 등에 대해 적극적인 권리주체가 되는 것까지 포함한다. 뒤의 표는 이 사안처럼 시장지배적 지위남용으로 인해 초래되는 경제력집중의 폐해를 예방할 수 있는 수단들, 즉 A기업이 취해야 할 조치들을 소비자주권의 실현강도에 따라 나타낸 것이다. 뒤의 표의 1단계에서 3단계로 갈수록 소비자주권을 실현하는 강도는 강해진다.

<table>
<tr><th>내 용
실현강도</th><th colspan="2">내 용</th></tr>
<tr><td>3단계</td><td colspan="2">★ 타사의 제품을 함께 제공할 의무
(예: A사는 C사 제품 뿐 아니라 B사 제품도 제공)</td></tr>
<tr><td>2단계</td><td>• 마이너스(-) 옵션 인정(WMP,WM등 빼고 구입가능)</td><td>• 호환성 보장과 타사제품을 사용할 수 있는 접점 마련</td></tr>
<tr><td>1단계</td><td colspan="2">○ 소비자가 패키지 구입 여부를 결정할 뿐임</td></tr>
</table>

3단계의 조치를 취하는 경우 소비자주권은 가장 강하게 실현된다. 그러나 이와 같은 경우에는 경제력집중의 예방을 위해 계약강제를 초래하게 된다는 문제가 있다. 즉 A사에게 B사 제품까지도 제공하도록 하는 것은 결국 계약을 강제하는 것인데, 계약을 강제하면서까지 소비자를 보호한다면 시장의 조정기능 자체가 파괴될 것이고, 시장경제질서를 기초로 하는 우리 헌법 하에서 이는 허용될 수 없는 결과이다. 이에 비해 1단계는 A 기업에게 별다른 제한을 주지 않는다.

소비자보호의 수준은 1단계와 3단계 사이에서 결정되는 것이 바람직하다. 즉, 2단계의 조치는 비록 3단계의 조치에 비해 소비자주권을 실현하는 정도가 약하지만, 경제력집중을 예방함으로써 시장의 결과만을 교정할 뿐 이와 같은 교정이 시장의 조정기능 자체를 파괴하진 않는다는 점에서 적절하다. 우리 공정거래법 또한 2단계의 교정을 취하고 있다.[24)]

---

24) 공정위는 마이크로소프트사에 대해 330억원의 과징금부과와 함께 '마이크로소프사는 윈도우 서버 운영체제에서 윈도우미디어플레이어를 분리해 이 분리된 버전과 탑재된 버전의 2가지 윈도우 PC 운영체제를 공급해야 한다.

그러나 이처럼 교정을 받는다고 해서 이 영역이 반윤리적이라고 할 수는 없을 것이다. 이 영역은 단지 윤리성/반윤리성을 평가하기 어려운 영역, 즉 "윤리의 공백 영역"일 뿐이다. 우리의 경우에는 경제력 집중으로 인해 교정의 필요성이 생기는 경우, 공정거래법을 통해 이를 교정하고 있다. 하지만 이 영역은 소비자보호법을 통해 교정하는 것이 더욱 적절한 영역일 것이다.

Ⅲ. 참고 판례

미국 연방항소법원은 마이크로소프트사가 인터넷 브라우저와 Windows 95를 함께 판매한 행위에 대해, 이 둘을 통합된 소프트웨어로서 단일상품으로 인정하여 끼워팔기의 성립을 인정하지 않은 바 있다.

> [통합된 소프트웨어의 단일상품성] 마이크로소프트사가 인터넷 브라우저와 Windows 95를 함께 판매한 행위에 있어서, 두 상품은 통합된 소프트웨어로서 단일상품이기 때문에 끼워팔기는 인정되지 않는다. 끼워팔기의 대상이 되기 위해서는 두 개의 별개 상품이 존재해야 하지만, 이들의 결합은 기능적으로도 통합된 새로운 상품을 의미하기 때문에 시장구조와 관계없이 단일상품으로 여겨져야 한다. 여기에서 기능적으로 통합된 상품이란 구매자들이 따로 구입하거나 구매자 스스로 결합할 경우에는 이익을 제공할 수 없

또한 이미 판매된 윈도우 PC 운영체제 사용자들에게 CD공급 및 인터넷 업데이트 등의 방법을 통해 미디어 플레이어 센터와 메신저 센터를 설치할 수 있도록 해야 한다. 그리고 윈도우 서버 운영체제와 다른 사업자의 메신저들(MSN 메신저 이외)과의 상호 호환이 가능하도록 해야 한다'는 내용의 시정명령을 내린 바 있다(공정거래위원회사이트 http://www.ftc.go.kr, 「MS사의 시장지배적 남용행위 위반에 대한 시정조치」, 2005. 12. 7. 참조).

는 상품을 의미한다. 따라서 별개상품인지를 판단하기 위해서는 두 가지 점을 검토해야 하는데, 개별 구입의 경우에는 제공할 수 없는 이익을 제공하는지, 그리고 구매자가 따로 구입하여 결합할 경우에는 얻을 수 없는 이익을 제공하는지가 이에 해당한다(United States v. Microsoft Corp., 147 F.3d 935[D.C. Cir. 1998]).

연습문제

A이동통신사는 2005년을 기준으로 국내 이동통신시장에서 서비스 매출액 시장점유율이 60.2%, 가입자 수 점유율이 50.9%인 시장지배적사업자이다. A사는 이동통신서비스와는 별도로 "M"이라는 음악 사이트를 운영하였다. 이 사이트는 소비자들에게 MP3 등의 파일 형태로 디지털화된 음악을 원음 그대로 가공하지 않은 채 유선 또는 무선 인터넷을 통해 공급했다. 소비자들은 이러한 음악파일들을 PC, MP3플레이어, MP3폰으로 다운로드 받거나, 직접 "M" 사이트에서 실시간으로 감상하는 방법 등으로 음악을 사용하고 있었다. 그런데 A사는 2004년 11월부터 동 사이트에서 판매하는 음악파일(MP3파일)과 MP3폰에 자체개발한 DRM을 탑재했다. 이후 A사는 자사의 고객 중 MP3폰을 이용하고 있는 가입자의 경우, "M" 사이트에서 다운로드 받은 MP3음악파일만 재생할 수 있도록 하고, 타 사이트에서 구매 한 음악파일은 A사의 MP3폰으로 재생하여 들을 수 없도록 하였다.

[12] 기업결합

Ⅰ. 경영 사례

A사는 철강제품을 제조·판매하는 사업자인데, 2007년 4월 2일 철강제품의 내수판매·수출·수입 등 유통업을 영위하는 B사와 B사 발행주식의 51%에 해당하는 주식을 취득하는 계약을 체결했다. 이에 공정거래위원회는 이와 같은 A사와 B사의 기업결합으로 A사가 국내 코어시장에 직접 진입하게 되어 시장점유율이 5% 이상 증가하게 되고, 국내 코어시장에서 사실상 독점적 지위에 이르게 될 가능성이 있다고 판단했다. 따라서 이 기업결합은 국내 코어업체를 대상으로 한 전기강판시장 및 국내 코어시장에서의 경쟁을 실질적으로 제한하는 것으로 경쟁제한적 기업결합에 해당하므로 A사는 전기강판을 국내 코어제조·판매업체에게 공급함에 있어 B사에게 대행하게 하거나 B사를 통하여 판

매하는 행위를 해서는 안 된다는 내용의 시정명령을 내렸다.

관계법령

- 독점규제 및 공정거래에 관한 법률 제7조[기업결합의 제한] ① 누구든지 직접 또는 대통령령이 정하는 특수한 관계에 있는 자를 통하여 다음 각호의 1에 해당하는 행위로서 일정한 거래분야에서 경쟁을 실질적으로 제한하는 행위를 하여서는 아니된다. 다만, 자산총액 또는 매출액의 규모가 대통령령이 정하는 규모에 해당하는 회사 외의 자가 제2호에 해당하는 행위를 하는 경우에는 그러하지 아니하다.

1. 다른 회사의 주식의 취득 또는 소유

② 다음 각호의 1에 해당한다고 공정거래위원회가 인정하는 기업결합에 대하여는 제1항의 규정을 적용하지 아니한다. 이 경우 해당 요건을 충족하는지에 대한 입증은 당해 사업자가 하여야 한다.

1. 당해 기업결합외의 방법으로는 달성하기 어려운 효율성 증대효과가 경쟁제한으로 인한 폐해보다 큰 경우

④ 기업결합이 다음 각호의 어느 하나에 해당하는 경우에는 일정한 거래분야에서 경쟁을 실질적으로 제한하는 것으로 추정한다.

1. 기업결합의 당사회사의 시장점유율의 합계가 다음 각 목의 요건을 갖춘 경우

가. 시장점유율의 합계가 시장지배적사업자의 추정요건에 해당할 것

나. 시장점유율의 합계가 당해거래분야에서 제1위일 것

다. 시장점유율의 합계와 시장점유율이 제2위인 회사(당사회사를 제외한 회사중 제1위인 회사를 말한다)의 시장점유율과의 차이가 그 시장점유율의 합계의 100분의 25이상일것

2. 대규모회사가 직접 또는 특수관계인을 통하여 행한 기업결합이 다음 각목의 요건을 갖춘 경우

가. 「중소기업기본법」에 의한 중소기업의 시장점유율이 3분의 2이

상인 거래분야에서의 기업결합일 것

나. 당해기업결합으로 100분의 5이상의 시장점유율을 가지게 될 것

- 독점규제 및 공정거래에 관한 법률 제16조[시정조치 등] ① 공정거래위원회는 제7조(기업결합의 제한)제1항 … (중략) … 에 위반하거나 위반할 우려가 있는 행위가 있는 때에는 당해 사업자[제7조(기업결합의 제한)제1항을 위반한 경우에는 기업결합 당사회사(기업결합 당사회사에 대한 시정조치만으로는 경쟁제한으로 인한 폐해를 시정하기 어렵거나 기업결합 당사회사의 특수관계인이 사업을 영위하는 거래분야의 경쟁제한으로 인한 폐해를 시정할 필요가 있는 경우에는 그 특수관계인을 포함한다)를 말한다] 또는 위반행위자에 대하여 다음 각호의 1의 시정조치를 명할 수 있다. 이 경우 제12조(기업결합의 신고)제6항 단서의 규정에 의한 신고를 받아 행하는 때에는 동조 제7항의 규정에 의한 기간내에 이를 하여야 한다.

1. 당해 행위의 중지
2. 주식의 전부 또는 일부의 처분
6. 시정명령을 받은 사실의 공표
7. 기업결합에 따른 경쟁제한의 폐해를 방지할 수 있는 영업방식 또는 영업범위의 제한
8. 기타 법위반상태를 시정하기 위하여 필요한 조치

② 공정거래위원회는 제7조(기업결합의 제한)제1항 … (중략) … 의 규정에 위반한 회사의 합병 또는 설립이 있는 때에는 당해 회사의 합병 또는 설립무효의 소를 제기할 수 있다.

위반시 형사처벌:
3년 이하의 징역 또는 2억원 이하의 벌금(독점규제 및 공정거래에 관한 법률 제66조 제1항 제2호)

Ⅱ. 경영윤리와 법적 쟁점

1. 실질적 경쟁제한성의 추정과 정치적 성격

기업결합을 행하는 경영자에게 있어 가장 주된 관심사는 '시장지배력'(market power)의 강화이다. 물론 이와 같은 시장지배력도 경쟁력의 한 요소라고 할 수 있겠지만, 만일 시장지배력만을 믿고 상품의 질을 향상시키려는 노력을 게을리 한다면, 결국 국제경쟁력이 떨어져서 외국기업에 시장을 잠식당하고 말 것이다. 이런 점에서 시장지배력은 국제경쟁력과 어느 정도 충돌을 일으킴에도 불구하고, 현실에서 많은 경영자들은 시장지배력이 곧 경쟁력이라는 안일한 태도를 갖고 있다. 이와 같이 기업결합을 도모하는 경영자들의 주된 목적이 '시장지배력'의 강화에 있는 것이라면, 기업결합을 관할하는 「독점규제 및 공정거래에 관한 법률」[25]의 규제 핵심도 바로 이와 같은 '시장지배력'의 규제에 놓여 있다.

현행 공정거래법은 기업결합으로 인해 일정한 거래분야에서 경쟁이 실질적으로 제한되는 경우, 즉 '실질적 경쟁제한성'이 인정되는 기업결합만을 그 규제대상으로 삼고 있다(제7조 제1항). 그러나 이와 동시에 실질적 경쟁제한성에 대한 법률상의 추정규정을 둠으로써, 기업결합으로 인해 일정한 시장점유율이 인정되는 경우 실질적 경쟁제한성을 추정하고 있다(제7조 제4항).

공정거래법 제7조 제4항 제1호는 수평적 기업결합의 경우에, 제2호

25) 이하에서는 '공정거래법'이라 칭함.

> 는 수직적 기업결합과 혼합적 기업결합의 경우에 적용된다. 수평적 기업결합의 경우에는, 기업결합 당사회사의 점유율의 합계가 ⅰ) 시장지배적 사업자의 추정요건(1사업자의 시장점유율이 50% 이상 또는 3이하 사업자의 시장점유율 합계가 75%이상)에 해당하고, ⅱ) 당해 거래분야에서 제1위이며, ⅲ) 시장점유율이 제2위인 회사(당해 회사를 제외한 회사 중 제1위인 회사)의 시장점유율과의 차이가 그 시장점유율의 합계의 25%이상인 경우에 경쟁을 실질적으로 제한하는 것으로 추정된다. 이와 달리, 수직적 또는 혼합적 기업결합의 경우에는, 대규모회사가 직접 또는 특수관계인을 통하여 행한 기업결합으로서 ⅰ)「중소기업기본법」에 의한 중소기업의 시장점유율이 2/3 이상인 거래분야에서의 기업결합이고, ⅱ) 당해 기업결합으로 5/100 이상의 시장점유율을 갖게 되는 경우에 경쟁을 실질적으로 제한하는 것으로 추정된다.

법문(法文)상으로만 보면, 시장점유율의 수치에 따라 경쟁제한성을 추정하므로 그 추정이 매우 객관적인 것처럼 보이지만, 사실상 추정은 매우 정치적으로 이루어진다. 이는 시장점유율을 확정하기 위한 전제가 되는 '시장획정'의 문제로부터 기인한다. 즉 시장점유율을 확정하기 위해서는 먼저 관련시장('일정한 거래분야')을 획정해야만 하는데, 이와 같은 관련시장의 획정은 주로 경제적인 요소들을 기준으로 하기보다는 경제외적인 요소들을 기준으로 한다. 지역시장의 획정에 있어서 민주주의적 이념을 실현하기 위해 '지역경제의 분권화'와 같은 경제외적 요소를 반영하는 것이 그 대표적인 예가 된다. 이와 같은 경제외적 요소를 기준으로 하여 실질적 경쟁제한성이 법률상 추정되게 되면, 실질적 경쟁제한성이 없다는 점에 대해 기업이 반증을 해야 한다. 반증으로는 예컨대, 새로운 사업자의 시장진입이 용이하여 시장점유율의 변화가 예측불가능하다는 점을 입증하는 것이 가능할 수 있을 것이다. 그러나 여기서의 경쟁제한성은 사전적(ex ante)으로 판단하는 것이 불가능하므로 그에 대한 판단은 매우 불확실한 것일 수밖에 없고, 따라서 대부분의 경우 기업은 실질적 경쟁제한성이 없다는 반증을 해내지 못하게 된다.

2. 법의 요구에 못미치는 경영윤리

이처럼 기업이 실질적 경쟁제한성이 없다는 점을 반증하지 못하더라도, 기업결합 외의 방법으로는 달성하기 어려운 효율성 증대 효과가 경쟁제한으로 인한 폐해보다 클 경우 그와 같은 기업결합은 허용될 수 있다(공정거래법 제7조 제2항 제1호). 그러나 실제 이와 같은 효율성 증대 효과와 경쟁 제한 효과 사이의 비교는, 효율성 증대 효과에 대한 판단과 시장 지배력에 대한 판단[26]에 의해 행해진다.

여기서 효율성이라 함은 좁게는 '국제경쟁력 향상' 및 '시장규모의 확대'와 같은 경영효율성 또는 경영합리성만을 가리킨다. 그러나 이를 넓게 보면 '소비자의 편익증대'도 효율성이란 개념 안에 포함될 수 있다. 예컨대 기업결합을 통해 대형마트가 생겨나게 되면 산업의 선진화가 이루어지는데, 이는 생활의 질을 향상시킴으로써 소비자의 편익을 증대시킨다.[27] 하지만 경영마인드만

---

26) 이는 앞서 살펴 본 바와 같이 우리 공정거래법이 기업결합으로 인해 일정한 시장점유율을 갖는 경우에 실질적 경쟁제한성을 추정하고 있기 때문이다. 시장지배력에 대한 판단을 위해서는 먼저 시장획정이 이루어져야 하는데, 시장을 획정함에 있어 경제외적인 요소가 유입됨은 앞서 살펴 본 바와 같다.

27) 소매업태별(대형마트, 중형마트, 재래시장) 소비자 선호도 및 만족도에 대한 실증분석을 통해 재래시장보다는 할인마트(대형, 중형)가 저렴한 가격, 상품의 다양성, 주차의 편리성 등을 이유로 소비자 편의를 증진시키고 있다는 조사결과가 나온 바 있다. 이에 대해서는 정난호/김남면/성일석, 「소매업태

을 갖고 있는 대부분의 경영자들은 좁은 의미의 효율성만을 윤리적이라고 생각하기 쉽다. 그러나 이러한 경영윤리는 너무나 기업가 중심적이라는 비판을 면하기가 어려워 보인다. 만약 경영자들이 기업결합을 통해 경영효율성뿐 아니라 소비자의 편익증대까지 도모하고자 한다면, 이는 소비자 편익증대라는 가치에 지향되어 있는 것으로 분명 경영윤리라고 말해질 수 있을 것이다.

기업결합은 경영효율성이나 경영합리성만을 달성하는데서 그칠 수도 있고, 이를 넘어 소비자의 편익을 증대 시키는 데까지 나아갈 수도 있다. 하지만 법은 공정거래법 제7조 제2항 제1호에서 볼 수 있는 바와 같이, 경영효율성 및 소비자 편익 증대에서 더 나아가 시장지배력 확보와 효율성 증대 사이의 균형성까지 요구하고 있다. 즉 법은 기업결합에 있어 '경쟁적 시장구조'를 유지할 것까지 요구하고 있는 셈이다. 뒤의 그림은 기업결합에서 경영효율성, 소비자 편익증대, 경쟁적 시장구조의 유지라는 세 요소의 관계를 밴다이어그램으로 나타낸 것이다.

기업가 중심의 경영윤리는 경영효율성만을 경영윤리로 받아들이므로, 뒤의 그림의 ⓐ, ⓑ, ⓒ 영역 뿐 아니라 ⓓ 영역까지도 경영윤리에 부합하게 된다. 그러나 단지 경영효율성만을 도모하는데서 더 나아가 소비자편익 증대까지 요구하는 입장에 따르면, 그 교집합인 ⓐ, ⓑ 영역만을 경영윤리에 부합하는 것으로 보게 된다. 비록 이러한 입장이 현실적으로 경영자들이 갖고 있는 경영윤리에 대한 인식과 다소 차이가 나는 것은 사실이지만, 오늘날과 같은 '윤리경영시대'에 경영자들에게 소비자 편익증대라는

에 대한 소비자 선택요인에 관한 연구」, 한국유통과학회, 유통과학연구 제4권 제2호, 2006. 12., 41~64쪽.

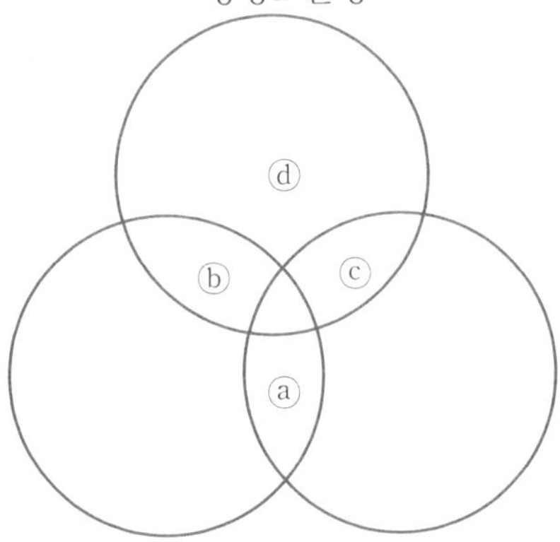

가치를 지향하도록 요구하는 것은 가능할 것이고, 따라서 이 영역이야말로 경영자들이 준수해야 할 진정한 경영윤리가 될 것이다.

그러나 법은 위에서 살펴본 바와 같이 이에 더하여 경쟁적 시장구조를 유지할 것까지 요구함으로써 위 그림의 ⓐ 영역만을 합법적인 것으로 간주한다. 그러나 경영자들이 경영 효율성, 소비자 편익증대, 경쟁적 시장구조의 유지란 세 요소의 교집합으로서 ⓐ 영역만을 경영윤리에 부합하는 것으로 받아들이지는 않을 것으로 보이고, 이를 경영자들에게 요구하는 것 또한 불가능할 것으로 보인다. 왜냐하면 이는 기업의 시민단체화가 이루어져야만 가능한 일이기 때문이다. 그렇다면 법의 이와 같은 요구는, 경영자들에겐 단지 극복해야 할 법적 장애로만 여겨지게 될 것이다. 경영자 입장에서 이러한 법적장애는 '윤리'가 아닌 극복해야 할 '비용'일 뿐이다.

Ⅲ. 참고 판례

법원은 허용될 수 있는 기업결합의 요건으로서 효율성 증대 여부를 판단함에 있어, 가까운 시일 내에 발생할 것이 명백해야 할 것을 요구함으로써 이를 매우 제한적으로 해석하고 있다.

[효율성 인정 범위] 효율성 증대를 위한 기업결합인지 여부와 관련된 상고이유에 대하여 법 제7조 제2항에서는 당해 기업결합 외의 방법으로는 달성하기 어려운 효율성 증대효과가 경쟁제한으로 인한 폐해보다 큰 경우에 해당한다고 공정거래위원회가 인정하는 기업결합에 대하여는 법 제7조 제1항의 규정을 적용하지 아니하며, 이 경우 해당요건을 충족하는지에 대한 입증은 당해 사업자가 하여야 한다고 규정하고 있는바, 이러한 당해 기업결합으로 인한 특유의 효율성 증대효과를 판단함에 있어서는 기업의 생산·판매·연구개발 등의 측면 및 국민경제의 균형발전 측면 등을 종합적으로 고려하여 개별적으로 판단하되, 이러한 효율성 증대효과는 가까운 시일 내에 발생할 것이 명백하여야 한다(대법원 2008.5.29, 2006두6659).

연습문제

경남과 부산지역에서 주류업을 영위하는 A사 및 A사의 대주주 甲은, 2002년 6월 4일부터 28일까지 사이에 공개매수와 실물매입을 통해 부산지역에서 주류업을 영위하는 B사의 주식을 취득하였는데, 그 지분율은 B사 총 발행주식의 33.77%에 이르렀다. 당시 B사는 1964년에 설립된 이후 1989년까지 꾸준히 성장을 계속하다가, 무리한 사업 확장과 과중한 보증채무 등으로 인해 1997년 11월 28일 부도가 났다. 그리고 법원의 화의인가결정과 함께 부도절차가 진행 중이었다. 이후 A사 및 甲은 B사의 주식을 계속 취득하였으며, 2002년 12월 17일 그 지분율은 총발행주식의 41.21%(제1대 주주)에 이르게 되었다. 나머지 주식은 886명의 주주에게 분산되어 있었고, B사의 대표이사인 乙은 그 중 15.08%(제2대 주주)를 보유하고 있었다.

[13] 자진신고자 감면

Ⅰ. 경영 사례

A사 · B사 · C사는 설탕 가격에 대해 담합을 하였지만, 아직 공정거래위원회에 의해 적발되지 않고 있었다. 그러던 중 A사는 「독점규제 및 공정거래에 관한 법률」에 의해 담합한 당사자가 자진신고를 하는 경우 시정조치 및 과징금을 감면받을 수 있다는 사실을 알고, B사 및 C사와의 담합사실을 공정거래위원회에 자진신고 하였다. 이에 공정거래위원회는 B사와 C사에 대해서는 각각 1억원의 과징금을 부과하고 검찰에 고발하였으나, 자진신고자인 A사에 대해서는 과징금을 면제해 주었을 뿐 아니라 검찰고발도 하지 않았다. 그러나 검찰은 형사소송법 제233조의 "고소의 불가분원칙"을 이유로 A사에 대해서도 공범자로 기소하였다.

관계법령

- **독점규제 및 공정거래에 관한 법률 제19조[부당한 공동행위의 금지]** ① 사업자는 계약·협정·결의 기타 어떠한 방법으로도 다른 사업자와 공동으로 부당하게 경쟁을 제한하는 다음 각 호의 어느 하나에 해당하는 행위를 할 것을 합의하거나 다른 사업자로 하여금 이를 행하도록 하여서는 아니된다.
1. 가격을 결정·유지 또는 변경하는 행위
⑤ 2 이상의 사업자가 제1항 각 호의 어느 하나에 해당하는 행위를 하는 경우로서 해당 거래분야 또는 상품·용역의 특성, 해당 행위의 경제적 이유 및 파급효과, 사업자 간 접촉의 횟수·양태 등 제반사정에 비추어 그 행위를 그 사업자들이 공동으로 한 것으로 볼 수 있는 상당한 개연성이 있는 때에는 그 사업자들 사이에 공동으로 제1항 각 호의 어느 하나에 해당하는 행위를 할 것을 합의한 것으로 추정한다.

위반시 형사처벌:
3년 이하의 징역 또는 2억원 이하의 벌금(독점규제 및 공정거래에 관한 법률 제66조 제1항 제9호)

- **독점규제 및 공정거래에 관한 법률 제22조의2[자진신고자 등에 대한 감면 등]** ① 다음 각 호의 어느 하나에 해당하는 자에 대하여는 제21조(시정조치)의 규정에 의한 시정조치 또는 제22조(과징금)의 규정에 의한 과징금을 감경 또는 면제할 수 있다.
1. 부당한 공동행위의 사실을 자진신고한 자
2. 증거제공 등의 방법으로 조사에 협조한 자
② 공정거래위원회 및 그 소속 공무원은 소송수행을 위하여 필요한 경우 등 대통령령으로 정하는 경우를 제외하고는 자진신고자 또는 조사에 협조한 자의 신원·제보내용 등 자진신고나 제보와

관련된 정보 및 자료를 사건 처리와 관계없는 자에게 제공하거나 누설하여서는 아니 된다.

③ 제1항의 규정에 의하여 감경 또는 면제되는 자의 범위와 감경 또는 면제의 기준·정도 등과 제2항에 따른 정보 및 자료의 제공·누설 금지에 관한 세부사항은 대통령령으로 정한다.

Ⅱ. 경영윤리와 법적 쟁점

1. 자진신고자 감면제도에 관한 오해와 진실

자진신고자 감면제도(Leniency)란, 담합 관련 사실을 공정거래위원회에 자진 신고한 기업에 대해 과징금 등의 제재조치를 감면해 주는 제도를 말한다. 그러나 이와 같은 자진신고자 감면제도와 관련하여서는 일반적으로 다음과 같은 다섯 가지 오해가 팽배해 있는 듯하다. 첫째, 담합(cartel)이란 그 자체가 '악'이라는 것이다. 그러나 담합은 기업경영에 구조화되어 있는 것이라는 점에서 그 자체를 '악'으로 보기는 어려운 것이 현실이다. 둘째, 담합이라는 '악'을 행한 자진신고자가 과징금 감면 등의 혜택을 받는 것은 담합자들 사이의 의리에 반하는 것이라고 한다. 그러나 이러한 입장은 경영윤리를 단지 개인윤리의 차원에서만 이해하고 있다. 셋째, 죄수의 딜레마(prisoner's dilemma)[28] 때문에 자진

28) 죄수의 딜레마란, 두 주체의 상호반응을 설명하기 위해 발전된 "게임이론"의 대표적인 예이다. 甲과 乙이 절도죄를 짓고 체포되어 서로 격리되었다. 이들의 절도죄에 대해서는 자백 이외에는 유죄 입증자료가 없고, 대신 음주운전이라는 경미한 죄를 입증할 증거만 존재한다고 할 때 이들이 할 수 있는 선택은 다음과 같다. ① 甲, 乙이 모두 배신하고 자백을 할 경우, 각각 5년을 복역하게 된다. ② 둘 중 한 명만 자백할 경우, 자백한 이는 형을 면제받고, 다른 이는 10년형을 언도받게 된다. ③ 둘 다 자백을 하지 않을 경우에는 경미한 죄의 형인 2년을 복역하게 된다. 이 때 甲과 乙이 협력하여 침묵하

신고자 감면제도가 필요하다고 한다. 그러나 죄수의 딜레마는 공범인 중범죄자 사이에 정보가 차단된 상황을 전제로 하므로, 중대범죄도 아닐 뿐 아니라 공동행위자 사이에 정보가 차단되어 있지도 않은 담합행위에서 죄수의 딜레마는 거의 발생하지 않는다. 넷째, 담합 주도자와 그 이외의 자를 구별하여, 담합 주도자에 대해 자진신고자 감면제도를 통한 혜택을 부여하는 것은 부당하다고 한다. 하지만 이와 같은 구별은 거의 불가능한데, 왜냐하면 담합은 대개 과점시장에서 발생하므로 누가 누구를 지배하는 형태가 아니기 때문이다. 다섯째, 자진신고자 감면제도는 기업들간의 신뢰를 파괴하는 기제로 작동함으로써 미래의 담합행위를 예방하는 효과를 갖는다고 한다. 그러나 누군가가 자진신고를 한다고 해서 장래에 다시 담합이 이루어지지 않는다고 볼 수는 없다. 필요에 따라 담합을 할 뿐이기 때문이다. 그러므로 자진신고자 감면제도의 존속과 담합예방의 효과 사이에는 상관관계를 발견할 수 없다.

2. 담합에 대한 법적규제의 역설

공정거래법상의 담합이 성립하기 위해서는 합의 및 실질적인 경쟁제한이 있어야 한다(제19조 제1항). 합의와 관련하여 우리 공정거래법은 합의추정제도를 둠으로써, 외형상 경영행위가 일치하고(예컨대 A기업이 밀가루의 가격을 10% 인상하자, B기업도 밀가루 가격을 10% 인상), 이러한 행위가 사업자들 간에 공동으

는 것이 둘에게는 가장 좋은 성과(2년형)를 가져다준다. 하지만 甲과 乙은 서로 상대방의 배신행위로 인해 손해를 입을 것을 염려하게 된다. 이러한 모순적 상황을 죄수의 딜레마라고 한다. 이에 대해서는 Roger Leroy Miller, Economics today(9th), Harper & Row, 569쪽.

로 행해진 것으로 볼 수 있는 상당한 개연성이 존재하는 경우 합의가 존재하는 것으로 추정하고 있다(제5항). 합의의 입증에 의해서든 그 추정에 의해서든 합의가 인정되면 실질적인 경쟁제한 또한 사실상 추정되는데, 이와 같은 실질적 경쟁제한은 불법화할 수 없는 '의식적 동조행위'(Conscious parallelism)에 의해서도 야기될 수 있다. 따라서 실제 불법화된 담합과 불법화될 수 없는 의식적 동조행위를 구별하는 것은 매우 어렵다.

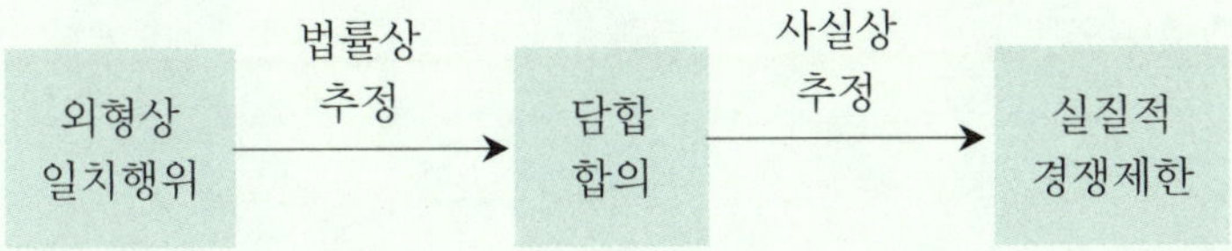

그러나 담합이 주로 이루어지는 시장의 특성을 살펴보면, 담합과 의식적 동조행위를 구별하는 것이 구조적으로 그리 의미가 크지 않음을 발견할 수 있다. 담합이 주로 이루어지는 시장의 특성은 다음과 같다. ①첫째, 담합은 주로 과점시장에서 발생한다. ②둘째, 품질보다는 가격탄력성이 비교적 큰 시장(예: 설탕 시장), 다시 말해 높은 품질이라고 해서 높은 가격으로 버텨내는 것이 어려운 시장에서 담합은 주로 발생한다. ③셋째, 담합은 주로 장치산업에서 발생한다. 장치산업에서는 장치를 갖추는데 드는 비용으로 인해 중소기업이 시장에 진입하기가 매우 어렵다. 즉 대기업들이 담합을 통해 가격을 올리더라도, 중소기업이 낮은 가격으로 시장에 진입하여 높은 가격으로 담합한 대기업들과 가격경쟁을 펼치는 것이 매우 어려운 시장에서 담합은 주로 발생한다. ④넷째, 대개는 고수익이 보장되지 않고 5%~7% 정도의 수익률을 갖는 시장에서 담합은 주로 발생한다.

담합이 주로 이러한 시장에서 발생하는 것이라면, 담합과 의식적 동조행위를 구별하는 것의 구조적 의미는 그리 크지 않다고 할 것이다. 이는 곧 담합에 대한 법적 규제가 갖는 역설을 잘 나타내 보여 준다.

3. 실질적 경쟁제한의 윤리적 측면

담합으로 인한 실질적 경쟁제한이 시장에 미치는 영향을 살펴보자. 아래 그림은 이를 표현해주고 있다.

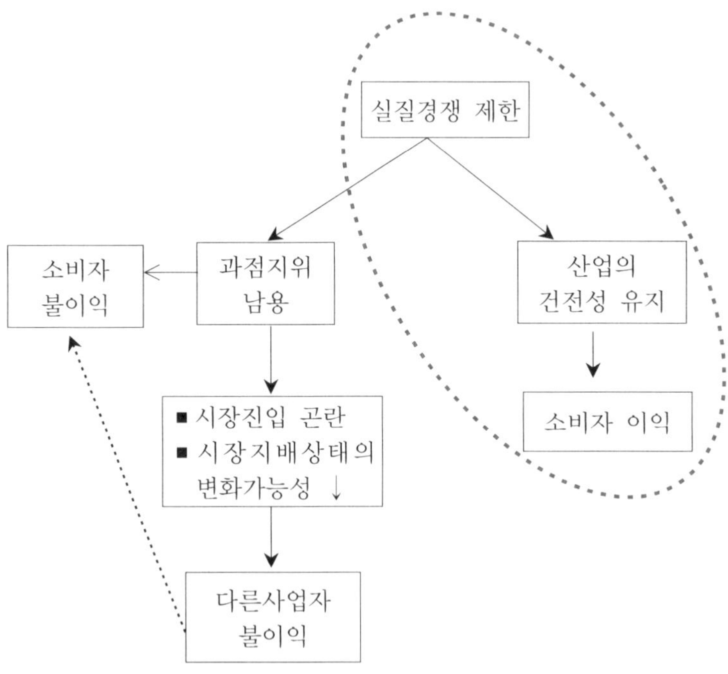

〈실질적 경쟁제한이 시장에 미치는 영향〉

이 그림에서 보면 실질적 경쟁제한은 크게 두 가지 방향으로 시장에 영향을 미치는데, 하나는 과점지위를 남용하는 것이고, 다른 하나는 산업의 건전성을 유지하는 것이다.

우선 과점지위 남용의 경우부터 살펴보기로 한다. 과점지위를 남용하게 되면 이것이 직접적으로 소비자에게 불이익을 가져다주는 측면이 있을 뿐 아니라, 다른 기업의 시장진입을 곤란하게 하고 — 물론 장치산업의 경우에는 과점지위의 남용 때문이 아니라 오히려 산업의 특성상 시장진입이 곤란해지는 면이 있긴 하다 — 시장지배상태의 변화가능성을 감소시킴으로써 공정경쟁을 해하여 다른 사업자에게 불이익을 가져다주기도 한다. 이는 다시 간접적으로 소비자에게 불이익을 가져다준다. 담합이 발생하는 시장의 특성은 전혀 고려하지 않은 채, 실질적 경쟁제한의 이와 같은 부정적 효과만을 강조하게 되면, 담합은 그저 '악'으로만 비춰지게 될 것이다.

그러나 이와 같은 입장은 실질적 경쟁제한의 긍정적 영향, 즉 산업의 건전성을 유지하도록 하여 결국에는 소비자 이익에 기여하게 되는 점을 간과하고 있다. 예컨대 설탕산업에서의 실질적 경쟁제한은 외국으로부터 높은 품질의 사탕수수를 들여와 설탕을 만들 수 있는 기업만이 설탕산업에 종사할 수 있게 함으로써 설탕산업의 건전성을 유지하게 하고, 이를 통해 소비자들은 높은 품질의 설탕을 구입·사용할 수 있게 됨으로써 결과적으로 소비자의 편익을 증대시키는 측면이 있다. 그럼에도 불구하고 우리 공정거래법은 위 그림의 전체를 모두 위법으로 보고 있다. 그러나 그림에서 타원형으로 묶인 부분, 즉 실질적 경쟁제한이 산업의 건전성을 유지하게 함으로써 소비자편익을 증대시키는 부분은 위법이라 할 수 없을 것이다. 경영자들은 오히려 이 부분을 윤리적이라고 생각할 것이고, 그렇다면 바로 이 부분에서 법과 윤리의 괴리가 발생한다고 할 수 있을 것이다.

자진신고자 감면제도가 갖고 있는 여러 가지 특성들을 개인적 선/악, 사회적 선/악으로 나누어 아래 표와 같이 매트릭스를 짜보면, 위의 '자진신고자 감면제도에 대한 다섯 가지 오해와 진실'에서 알 수 있는 바와 같이 대개는 자진신고자 감면제도를 A나 B로 이해할 것이다.

사회적 측면 / 개인적 측면	선	악
선	C ↑	
악	A • 담합적발 촉진(사회적 선) - 정의실현, 공정위 조사비용 감소 • 의리에 반함(개인적 악)	B ■ 정의훼손(사회적 악) - 신고자 감면 ■ 의리에 반함(개인적 악)

B의 입장에 의하면 리니언시는 사회적으로도 악할 뿐 아니라 개인적으로도 악하므로 '악'한 것으로 평가되게 되고, A의 입장에서는 리니언시는 개인적으로는 악하지만 사회적으로는 선하므로, 개인적인 악과 사회적인 선을 비교형량하여 자진신고자 감면제도의 선/악에 대한 판단이 이루어지게 된다.

그러나 위에서 살펴본 바와 같이 실질적 경쟁제한은 산업의 건전성을 유지하게 하여 소비자편익을 증대시키므로, 자진신고자 감면제도가 C로 재구성될 수 있는 여지가 있다.

4. 경영윤리로서 "적정이윤의 유지"와 리니언시의 윤리성

어떤 기업이 담합행위를 한 경우, 그 기업의 경영자가 선택할 수 있는 경영전략은 소송으로 갈 경우 패소할 확률이 어느 정도냐에 따라 다양할 수 있다. 가령 패소할 확률이 50%인 경우, 경영자는 소송을 선택하게 될 가능성이 높다. 다음으로 패할 확률이 70% 내외, 즉 개연성이 있는 정도인 경우 경영자는 — 만일 담합이 공정거래법상 동의명령(consent order)의 대상에서 제외되지 않는 방향으로 입법된다면 — 동의명령으로 나아가게 될 것이다. 마지막으로 패소할 확률이 90%인 경우 기업의 사회적 이미지 훼손 등을 이유로 경영자는 자진신고를 하여 선처를 구하는 경영전략을 선택하게 될 것이다.

자진신고라는 경영전략의 윤리성은 담합으로 인한 실제 수익률에 따라 달리 평가될 수 있을 것이다. 기업의 주된 경영윤리는 '적정이윤의 유지'이며, 부수적으로 기업의 성장 및 소비자 편익증진 또한 경영윤리의 부분요소가 되기 때문이다. 그러나 기업의 성장과 소비자 편익증진은 어찌 보면 '적정이윤의 유지'라는 주된 윤리에 이미 포함되어 있는 것일 수 있으므로 '적정이윤의 유지'야말로 경영윤리의 핵심이 될 수 있다. 담합으로 인한 실제 수익률을 R이라고 할 경우, R은 총수익률에서 과징금의 비율을 뺀 비율이 된다. R이 10%를 초과하는 경우를 R1(예: 통신시장), 5% 이상 10% 미만인 경우를 R2, 2% 이상 5% 미만인 경우를 R3라고 한다면, 리니언시의 윤리성은 R1 · R2 · R3 각각에 대해 달리 평가될 수 있을 것이다. 리니언시는 R1의 경우에는 반(反)

윤리적인 것으로, R2의 경우에는 비(非)윤리적인 것으로, R3의 경우에는 윤리적인 것으로 평가될 수 있을 것이다. 3% 정도의 실제 수익률은 R&D 비용 등을 고려할 때 사업을 계속 유지할 것인가를 심각하게 고민하게 하는 정도의 수익률이란 점에서, R3의 경우 자진신고를 하는 것은 '적정이윤 유지'를 위한 윤리적 경영행위로 평가될 수 있다.

Ⅲ. 참고 판례

담합사실을 자진신고한 기업에 대해 공정거래위원회가 형사고발을 하지 않자 검찰이 "고소의 불가분원칙"을 이유로 담합한 다른 기업과 함께 당해 기업에 대해서도 기소한 사안에서 법원은 자진신고를 행한 기업에 대해서는 공소기각의 판결을 내린 바 있다.

> [고소불가분 원칙의 유추적용 부정] 독점규제 및 공정거래에 관한 법률상 제66조 및 제67조의 죄는 공정거래위원회의 고발이 있어야 공소를 제기할 수 있는바, 이러한 공정거래위원회의 전속고발권은 법률에 의하여 처벌의 필요성에 대한 판단의 우선권을 전문적 기관인 공정거래위원회에 주는 취지에 의한 것이다. 독점규제 및 공정거래에 관한 법률상 공정거래위원회는 같은 법 제66조 및 제67조의 죄 중 그 위반의 정도가 객관적으로 명백하고 중대하여 경쟁질서를 현저히 저해한다고 인정하는 경우에는 검찰총장에게 고발하여야 하며, 검찰총장은 위와 같은 고발요건에 해당하는 사실이 있음을 공정거래위원회에 통보하여 고발을 요청할 수 있고, 공소가 제기된 후에는 고발을 취소할 수 없다(같은 법 제71조). 이와 같이 독점규제 및 공정거래에 관한 법률상 고발은 형사소송법상

고소와 소송조건이라는 점만 일치할 뿐 입법취지, 주체 등 여러 가지 점에서 다르다. 또한 독점규제 및 공정거래에 관한 법률상 고발의무가 생기는 기준인 법위반의 중대, 명백성 및 경쟁질서 저해 정도는 같은 범죄사실에 참여한 각 사업자라도 시장지배율, 참여정도 등에 따라 달라질 수 있으므로, 같은 부당한 공동행위에 참가한 여러 사업자별로 고발의무 여부가 달라질 수 있고, 위와 같은 법규정의 취지에 비추어 보면 공정거래위원회가 고발을 하지 않을 권한에는 공범 중 일부에 대하여만 고발을 면제하는 권한도 포함된다고 보이므로, 유추적용이 독점규제 및 공정거래에 관한 법률의 해석과 모순되는 점도 있다. 따라서 독점규제 및 공정거래에 관한 법률상 고발에 형사소송법상 '고소불가분'에 관한 규정을 유추적용할 수 없다(서울중앙지방법원 2008.6.13, 2008노842).

연습문제

A사는 다양한 판매자에게 자신의 인터넷사이트 내에 가상의 장터를 제공하고 소비자와의 거래가 가능하도록 하는 통신판매중개업자로서 이 시장에서 시장지배력을 가진 회사이다. 2006년 10월, A사의 경쟁사인 B사의 매출이 할인쿠폰을 이용한 마케팅을 통해 급증하자 A사는 A사와 더불어 B사 사이트에서도 판매를 하고 있는 7개 사업자들에게 B사에서 판매하는 가격보다 자사에서 판매하는 가격을 인하하고 판매량이 많은 상품에 대해서는 B사와의 거래를 중단하라고 요구하였다. 이에 응하지 않을 경우, A사 사이트 메인에 노출된 상품을 모두 삭제하겠다고 협박했다. 이에 일부 사업자들은 A사를 통한 매출액 감소를 염려해, B사와의 거래를 중단하였다. 이후 소비자보호원에 계속해서 소비자들의 가격 불만 신고가 접수되었고, 공정위는 판매사업자들과 B사

의 고발로 조사에 착수하기 시작하였다. 공정위의 조사 소식을 접한 A사는 조사를 통한 이미지 타격을 고려하여 사업자들의 판매를 재개하고 피해를 입은 소비자에게 적절한 보호조치를 취하겠다는 내용의 시정방안을 제시하였다. 공정위는 위 시정안을 받아들여, 동의명령으로 사건을 종결지었다.

[14] 임금체불

Ⅰ. 경영 사례

甲은 현재 상시근로자 142명을 고용하여 영상음반소프트웨어 제작업을 영위하는 A사의 실제 경영자이다. 甲이 아직 A사의 실제 경영자가 되기 전 A사의 대표이사였던 乙은 협회중개시장 등록을 통해 자금을 조달하고자 했으나, 한국증권업협회로부터 등록보류결정을 받았다. 그러자 당시 A사의 주주였던 甲은 다른 주주들을 대표하여 乙과의 사이에 甲이 A사를 새로운 경영체제에 따라 운영하겠다는 취지의 합의서를 작성하였고, 乙은 그 후 자신이 보유하고 있던 A사의 주식 300만주를 A사의 정상화를 위해 무상으로 증여하였다. 결국 甲은 2002년 7월경부터 A사의 경영에 합류하여 2002년 9월경부터 A사를 실질적으로 경영하기 시작하였다. 그 후 甲은 2002년 11월 미화 300만 달러 상당의

해외 신주인수권부 사채를 발행하고, 2003년에는 丙으로부터 두 차례에 걸쳐 30억 원을 투자받았으며, 2003년 6월에는 B(주)로부터 5억 원을 대여 받았다. 그러나 2001년 12월 31일 현재 부채총계 220억 원, 자본총계가 270억 원이었던 것이, 2002년 12월 31일 현재 부채총계 320억 원, 자본총계 -34억 원으로 재무구조가 악화되었다. C회계법인은 A사의 2002년 재무제표에 대한 감사보고서에 A사의 이와 같은 재무구조악화가 구경영진에 의한 경영전략의 실패에 기인한다는 의견을 기재하였다. A사의 경영상태는 2003년 더욱 악화되었고, 결국 A사의 근로자들은 2003년 2월부터 퇴사하기 시작하여 2004년 1월 25일까지 209명이 퇴사하기에 이르렀고, 지급되지 않은 임금과 퇴직금 합계는 약 24억 원에 이르게 되었다.

관계법령

- **근로기준법 제43조[임금지급]** ① 임금은 통화로 직접 근로자에게 그 전액을 지급하여야 한다. 다만, 법령 또는 단체협약에 특별한 규정이 있는 경우에는 임금의 일부를 공제하거나 통화 이외의 것으로 지급할 수 있다.
② 임금은 매월 1회 이상 일정한 날짜를 정하여 지급하여야 한다. 다만, 임시로 지급하는 임금, 수당, 그 밖에 이에 준하는 것 또는 대통령령으로 정하는 임금에 대하여는 그러하지 아니하다.
- **근로기준법 제36조[금품청산]** 사용자는 근로자가 사망 또는 퇴직한 경우에는 그 지급사유가 발생한 때부터 14일 이내에 임금, 보상금, 그 밖에 일체의 금품을 지급하여야 한다. 다만, 특별한 사정이 있을 경우에는 당사자 사이의 합의에 의하여 기일을 연장할 수 있다.

위반시 형사처벌:
3년 이하의 징역 또는 2천만원 이하의 벌금(근로기준법 제109조 제1항)

Ⅱ. 경영윤리와 법적 쟁점

1. '적정이윤의 유지'라는 경영윤리와 노동인권의 핵심으로서 임금

기업에게 있어 주된 경영윤리는 '적정이윤'을 유지하는 것이다. 이윤, 즉 수익은 총매출에서 총비용(시설비+자재비+인건비+기타 관리비)을 뺀 값이 된다. 그러므로 적정이윤을 유지하기 위해서는 총비용을 줄여야만 하는데, 총비용에 해당하는 요소 중에서 가장 탄력적인 것이 바로 인건비이다. 하지만 임금이 노동인권의 가장 핵심적인 부분이라는 점을 감안할 때, 인건비를 낮춰 총비용을 줄임으로써 일정한 이윤을 유지한 것이 경영윤리에 합치하는가를 판단할 때는 통상적으로 적정이윤이라 인정되는 7%를 기준으로 할 것이 아니라, 인건비를 낮춤으로써 도산위험을 줄일 수 있었는가를 그 기준으로 해야 한다. 즉, 임금체불을 통해 인건비를 줄임으로써 수익률(R)이 0% 이상인 경우를 R1이라고 하고, 0% 미만인 경우를 R2라 하는 경우, R1은 경영윤리에 반하고 R2는 경영윤리에 합치하는 것으로 보아야 한다. 그러나 우리 근로기준법은 이러한 구분 없이 R1 및 R2의 경우 모두를 형사처벌하고 있다(법 제43조, 제36조, 제109조 제1항). 이를 그림으로 나타내 보면 아래와 같다.

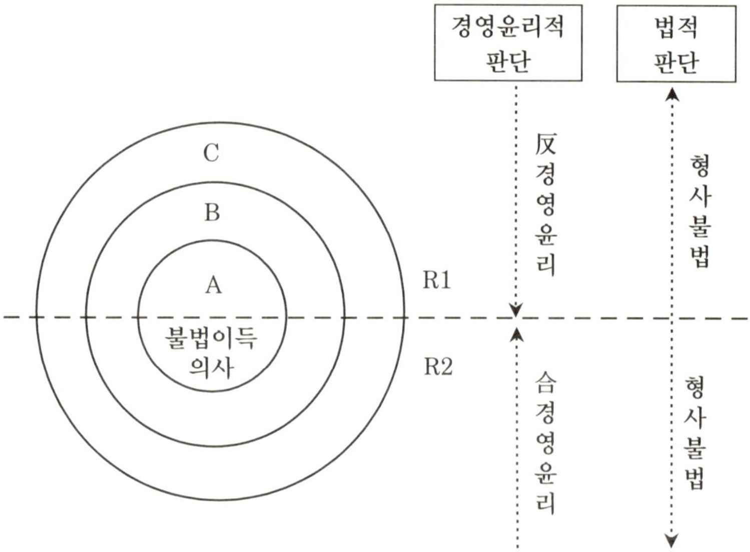

〈임금체불의 유형 및 이에 대한 경영윤리적 · 법적 판단 구조〉

그림에서 볼 수 있는 바와 같이, 근로기준법은 임금체불의 유형 — 불법이득의사에 의한 임금체불(A), 고의적 임금체불(B), 비고의적 임금체불(C) — 을 불문하고, 또한 그와 같은 임금체불이 경영윤리에 합치하는지 — 반경영윤리(R1), 합경영윤리(R2) — 에 관계없이 모든 임금체불에 대해 형사불법성을 인정하고 있다.

2. 임금체불의 유형에 따른 적정제재의 도모

따라서 '적정이윤의 유지'라는 경영윤리를 고려하여, 임금체불의 각 유형마다 비례성원칙에 합당한 제재수단들을 강구해 보면 옆의 그림과 같은 결과가 도출될 수 있을 것이다.

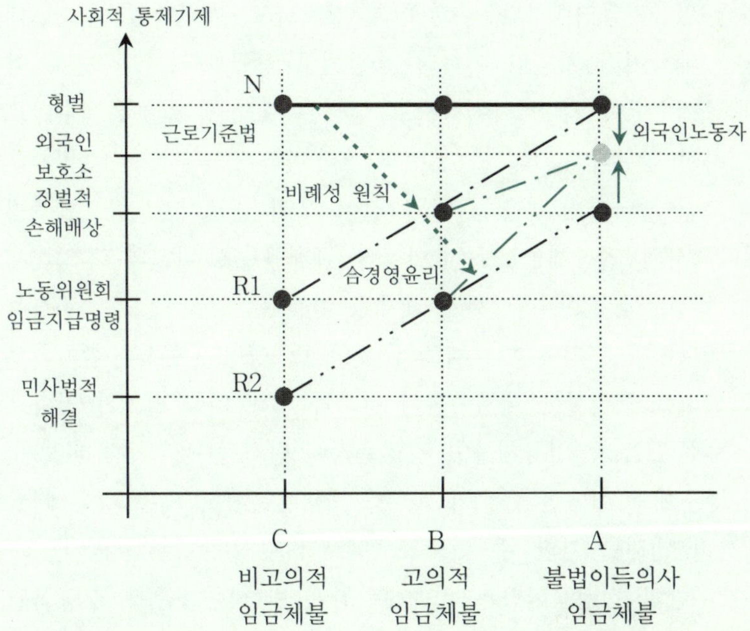

임금체불에 대한 사회적 통제매커니즘을 그 강도에 따라 나타내 보면 <민사법적 해결 → 노동위원회에 의한 임금지급명령 → 징벌적 손해배상 → 형벌>의 순서가 될 것이다. 민사법적 해결이란, 민사소송을 통해 임금청구권을 실현하는 것으로서 가장 약한 형태의 통제수단에 해당하고, 노동위원회에 의한 임금지급명령은 행정법적 통제수단으로서 소송에 이르지 않고도 많은 경우 임금을 받아낼 수 있다는 점에서 민사법적 해결보다는 한 단계 더 강력한 제재수단이 된다. 그리고 징벌적 손해배상은 민사제재의 성격과 형사제재의 성격을 모두 갖는 것으로 배상액이 손해액의 일정배액(통상적으로 × 3)이라는 점에서 노동위원회에 의한 임금지급명령보다는 한 단계 강력하고, 여전히 그 주된 내용은 배상이지 처벌이 아니라는 점에서 형벌보다는 한 단계 약한 통제수단이 된다. 마지막으로 형벌은 가장 강력한 통제수단으로 자리 잡는다.

그림이 나타내고 있는 바와 같이 우리 근로기준법은 A(불법이득의사의 임금체불), B(고의적 임금체불), C(비고의적 임금체불)의 경우에 모두 형벌까지 제재를 가할 수 있는 것으로 규정하고 있다(N). 그러나 임금체불의 유형 및 경영윤리에의 합치여부를 고려하여 적절한 제재수단의 한계를 정해야 할 필요가 있다.

우선 R1, 즉 임금체불이 경영윤리에 반하는 경우를 살펴보면, 이 경우에도 현행법과 같이 A, B, C를 불문하고 모든 경우에 형벌까지 제재를 가할 수 있도록 하는 것은 일탈행위의 중대성과 제재수단의 적정성이라는 비례성원칙에 반하는 것으로 정당화될 수 없다. 그러므로 R1의 경우에는 비례성 원칙에 의해 그림에서와 같이 제재수단이 완화되어야 할 것이다. 즉 사업주가 불법이득의사를 갖고 임금을 체불한 경우(A)에는 여전히 형벌까지 가능하다고 할 수 있겠지만, 사업주에게 단지 임금체불에 대한 고의만 있었던 경우(B)에는 징벌적 손해배상까지, 기업경영의 악화로 인한 임금체불과 같이 사업주에게 고의마저 없었던 경우(C)에는 노동위원회에 의한 임금지급명령까지만 가능하다고 해야 할 것이다.

다음으로 R2의 경우에는 R1의 경우보다 제재수단의 상한들이 한 단계 더 완화되어야만 하는데, 왜냐하면 R1의 경우에는 임금체불이 경영윤리에 반하는데 반해, R2의 경우에는 임금체불이 경영윤리에 합치하기 때문이다. 따라서 사업주가 불법이득의사를 갖고 있는 경우(A)에는 징벌적 손해배상까지가 가능할 것이고, 고의적 임금체불(B)의 경우에는 노동위원회에 의한 임금지급명령까지, 비고의적 임금체불(C)의 경우에는 민사법적 해결만이 가능하다고 할 것이다.

3. 외국인노동자 정책의 정치적 특수성

그러나 외국인노동자에 대해서는 좀 다른 논의가 가능하다. 외국인노동자에 대한 임금체불의 경우는 사업주가 법적으로 보호받을 수 없는 외국인노동자의 처지를 이용하여 불법이득의사를 갖고 악의적으로 임금을 체불하는 경우(A)가 대부분이다. 그러나 그림에서와 같이 외국인 노동자의 경우에는 그것이 경영윤리에 합치하는 경우이든(R2) 그렇지 않은 경우이든(R1)간에 외국인보호소에 보호되어 있는 외국인노동자에 한해 출입국관리행정의 일환으로 법무부 직원이 이들의 체불임금을 회수해 주고 있다.[29] 따라서 R1의 경우에는 제재가 한 단계 더 낮아졌다는 점에서 이와 같은 현실이 외국인 차별정책으로 비추어질 수 있는 반면, R2의 경우에는 제재가 한 단계 더 높아졌다는 점에서 외국인의 인권을 특별히 보호하는 정책을 사실상 수용한 것으로 비춰질 수 있다.

그러나 특히 R2의 경우, 외국인노동자에 대한 임금체불 문제

29) 법무부는 국내에 체류하고 있는 외국인 노동자들의 임금체불, 폭력, 산재피해를 해결하고 이들의 인권을 보호하기 위해 시민단체 관계자들이 참여하는 "외국인 인권보호 및 권익증진 협의회"를 2006년 1월 10일 발족시켰다. 이를 통해 불법 외국인 노동자들이 출국하기 전에 임금체불이 있는 경우에는 대한법률구조공단에 채권추심을 의뢰하거나 대리인을 선임하여 소송을 대리하도록 하고 있다(「법무부, 외국인 임금체불·산재피해·가정폭력 등 적극해결 — 민·관 협의체를 통한 고충 직접해결 —」, 법무부 보도자료, 2006. 2.8).

는 이미 구조화되어 있다. 즉 외국인노동자가 종사하는 업종은 대부분 3D업종에 속하므로 수익성이 매우 낮을 뿐 아니라, 장래성 또한 현격히 떨어진다. 그러므로 사업주들이 외국인노동자에 대한 임금체불 의사를 갖기 매우 쉬운 구조일 뿐 아니라, 또한 현실적으로 많은 경우 그와 같은 의사를 갖고 있다. 여기서 그림에서 나타난 바와 같이 외국인보호행정에 의해 체불행위를 해결하는 것의 정치적 묘미(계략?)를 발견할 수 있다. 즉 약간의 임금체불을 눈감아줌으로써 중소기업의 어려움을 도와주는 동시에, 외국인보호소에 수용되어 있는 외국인노동자에 한해 체불된 임금을 받아줌으로써 국가가 임금체불을 해결해 주는 이미지를 얻고자 하는 정치적 묘미가 외국인노동자 정책에 숨겨져 있는 것이다.

Ⅲ. 참고 판례

대법원은 기업경영이 악화되어 사업주가 임금을 체불하게 된 경우, 임금지급에 대한 기대가능성이 없다면 임금체불죄의 책임이 조각된다고 판시하고 있다.

> [책임조각을 위한 요건으로서 기대불가능성] 사용자가 기업이 불황이라는 사유만으로 임금을 지급하지 않거나 체불하는 것은 근로기준법이 허용하지 않는 바이지만, 한편 그러한 경우에 사용자가 모든 성의와 노력을 다했어도 임금의 체불이나 미불을 방지할 수 없었다는 것이 사회통념상 긍정할 정도가 되어 사용자에게 더 이상의 적법행위를 기대할 수 없는 불가피한 사정이 있는 때에는 그러한 사유는 같은 법 제36조 위반 범죄의 책임조각사유가 된다 할 것이다(대판 2002.9.24, 2002도3666; 1997.11.11, 97도813).

또한 이와 같은 기대불가능성을 판단하는 구체적 기준으로서 사업주가 운영자금을 가지고 근로자들에게 임금을 우선적으로 변제하려고 노력하였거나 근로자들에게 가능성 있는 변제계획을 제시하였는가를 드는 지방법원의 판례도 있다.

> [기대불가능성의 구체적 기준으로서 임금에 대한 우선변제나 변제계획의 제시] 피고인이 이 사건 회사를 실질적으로 경영하기 시작한 2002.9.경 이 사건 회사의 재정상태가 좋지 아니하였던 점, 2003.경에는 이 사건 회사의 경영상태가 더욱 악화되어 근로자들에게 임금 및 퇴직금을 지불하지 못한 점은 인정되나, 나아가 피고인이 근로자들에게 임금 및 퇴직금을 지급하기 위하여 최선을 다하였는지에 관하여 보면, 피고인이 투자받은 운영자금으로 근로자들의 임금을 우선적으로 변제하였다거나 근로자들에게 가능성 있는 변제계획을 제시하는 등의 노력을 한 자료를 찾아볼 수 없고, 피고인이 이 사건 회사를 실질적으로 경영하기 시작하였을 당시 이미 이 사건 회사의 사정이 어려웠다는 사정만으로는, 피고인이 지급기일의 연장에 관한 합의 없이 이 사건 근로자들의 퇴직일로부터 14일 이내에 임금 등을 지급하기 위해 최선의 노력을 다하였음에도 불구하고 임금의 미불을 방지할 수 없었다는 것이 사회통념상 긍정할 정도에 이르렀다고 보기는 어렵다(서울중앙지법 2005.11.16, 2005노377).

연습문제

甲은 1997년 7월 친구인 乙, 丙과 함께 A스포츠센터를 설립하기로 동업계약을 맺었다. 설립 후 甲은 단독으로 근로자 채용을 비롯한 모든 스포츠 센터의 경영을 행하고, 매달 동업자인 乙, 丙에게 이자와 배당금을 지불하였다. 1999년 이후부터 스포츠센터의 경영악화로 乙, 丙에게 이자와 배당금 지급이 제대로 이루어지지 않자, 3인이 공동 관리하고 매월 이익금의 70%를 乙, 丙의 통장으로 지급하기로 했다. 그리고 2001년 12월 까지 매달 일정액을 분할하여 투자금을 상환하되 1개월 이상 지체될 경우 A스포츠 센터의 재산관리와 경영권을 모두 乙, 丙에게 이전하기로 약정하였다. 계속된 경영악화로 2000년 2월, 스포츠 강사였던 丁은 퇴직하게 되어 1998년 8월부터 2000년 2월까지 근무한 퇴직금과 경영악화가 시작된 1998년 9월부터 현재까지 밀린 임금을 甲에게 청구하였다. 甲은 스포츠센터의 수입금 중에서 임금을 우선적으로 지급하려고 했으나, 乙과 丙은 수입금을 입금한 통장을 보관하고 甲에게 협조하지 않고, 오히려 스포츠센터 집기를 압류하여 경영을 방해하였다. 이에 甲은 퇴직일로부터 14일을 경과하고도 丁의 퇴직금 및 밀린 임금을 지불하지 못했다.

[15] 부당해고

Ⅰ. 경영 사례

금융기관인 A협동조합은 부실조합으로 지정되어 주무장관인 농림부장관으로부터 2002년 10월 10일까지 '부실자산처분, 지사무소 폐쇄, 인력감축(정규직 20%), 조합원의 출자금 감액' 등을 내용으로 한 경영개선을 실시한 후 타 조합과 합병하라는 경영개선명령을 통지 받았다. A협동조합은 이를 노조에 통지하고 2002년 5월부터 6월까지 당시 지부장이던 甲과 인력감축에 관하여 수차례 협의하였다. 그 후 A노조의 노조원이었던 乙 등 3인이 자의로 A노조를 탈퇴하는 등 A노조의 구성이 전체 근로자의 과반수에 미달하게 되자 A협동조합은 노조가 전체 근로자를 대표할 수 없다고 하여 같은 해 11월 29일 노조원을 포함한 전체 근로자들에게 근로자를 대표할 수 있는 근로자위원을 선출해 줄 것을 요청하였고, 이에 따라 丙 등 3인이 근로자위원으로 선출되었다. 그러나 A노조의 노조원들은 이와 같은 요청을 받고도 근로자위원 선출에 참석하지 않았다. 새로 구성된 A노사협의회는 같은 해 12월 14일부터 2003년 4월 10일까지 여러 차례의 협의를 거쳐 정리해고 대상자 선정기준을 마련하였다. A협동조합은 노사협의회의 결의에 따라 2002년 12월 31일 경영개선명령에 의해 폐쇄조치된 신영지소의 계약직 직원이던 丁 등과 재계약을 체결하지 않는 방법으로 이들을 해고하고, 정리해고대상자 선정기준에 의해 2003년 4월 10일 戊 등 노조원 5명을 해고하였다. A협동조합은 그 과정에서 5회에 걸쳐 희망퇴직을 실시하여 근로자 3인의 희망퇴직을 수용하였는데, 해고된 노조원 5명은 이를 희망하지 않았다.

관계법령

- **근로기준법 제23조[해고 등의 제한]** ① 사용자는 근로자에게 정당한 이유 없이 해고, 휴직, 정직, 전직, 감봉, 그 밖의 징벌을 하지 못한다.
- **근로기준법 제24조[경영상 이유에 의한 해고의 제한]** ① 사용자가 경영상 이유에 의하여 근로자를 해고하려면 긴박한 경영상의 필요가 있어야 한다. 이 경우 경영 악화를 방지하기 위한 사업의 양도·인수·합병은 긴박한 경영상의 필요가 있는 것으로 본다.

② 제1항의 경우에 사용자는 해고를 피하기 위한 노력을 다하여야 하며, 합리적이고 공정한 해고의 기준을 정하고 이에 따라 그 대상자를 선정하여야 한다. 이 경우 남녀의 성을 이유로 차별하여서는 아니 된다.

③ 사용자는 제2항에 따른 해고를 피하기 위한 방법과 해고의 기

준 등에 관하여 그 사업 또는 사업장에 근로자의 과반수로 조직된 노동조합이 있는 경우에는 그 노동조합(근로자의 과반수로 조직된 노동조합이 없는 경우에는 근로자의 과반수를 대표하는 자를 말한다)에 해고를 하려는 날의 50일 전까지 통보 하고 성실하게 협의하여야 한다.

④ (생략)

⑤ 사용자가 제1항부터 제3항까지의 규정에 따른 요건을 갖추어 근로자를 해고한 경우에는 제23조 제1항에 따른 정당한 이유가 있는 해고를 한 것으로 본다.

- **근로기준법 제28조[부당해고등의 구제신청]** ① 사용자가 근로자에게 부당해고등을 하면 근로자는 노동위원회에 구제를 신청할 수 있다.
- **근로기준법 제33조[이행강제금]** ① 노동위원회는 구제명령을 받은 후 이행기한까지 구제명령을 이행하지 아니한 사용자에게 2천만원 이하의 이행강제금을 부과한다.

Ⅱ. 경영윤리와 법적 쟁점

1. 노동시스템 또는 노동문화의 문제로서 해고

해고에 관한 문제는 경영자와 근로자 사이의 이해관계가 첨예하게 대립되는 대표적인 영역이다. 경영자들은 경영효율성을 도모하기 위해 해고의 자유를 무한히 누리고자 하는 반면, 근로자들은 안정된 삶을 위해 해고가 완전히 금지되길 원한다. 그러나 '일자리 제공'이란 전체 사회적 관점에서 볼 때, 해고의 자유를 인정하는 것과 해고를 금지하는 것 사이에 본질적인 차이는 존재하지 않는다. 미국과 같이 해고의 자유를 인정하는 나라에서는 그만큼 노동시장이 유연해지므로 다른 일자리를 찾기가 용이

한 반면, 우리나라나 독일과 같이 해고를 원칙적으로 금지하는 나라에서는 노동시장이 그만큼 경직되므로 다른 일자리를 찾는 것이 쉽지 않다. 따라서 해고의 자유를 인정하는 것이 곧 높은 실업률을 야기한다는 등식은 성립되지 않는다. 이처럼 일자리 제공이란 전체사회적 관점에서 볼 때 해고의 자유를 인정하는 것과 해고를 금지하는 것 사이에 본질적인 차이가 존재하지 않는다면, 해고에 관한 문제는 '노동 인권'에 관한 문제라기보다는, 단지 노동시스템이나 노동문화에 관한 문제가 될 뿐이다.

2. 경영상의 이유에 의한 해고의 예외적 인정

해고의 자유를 인정하고 있는 미국과 달리, 우리나라는 해고를 원칙적으로 금지하면서도 사용자에게 긴박한 경영상의 필요가 있는 경우에 한하여 예외적으로 해고를 허용하고 있다(근로기준법 제24조 제1항). 이와 같은 예외가 인정되기 위해서는 실체적 요건으로서 ① 경영상의 긴박한 필요가 존재해야 하고, 절차적 요건으로서 경영자가 ② 해고회피 노력을 다하고, ③ 합리적이고 공정한 기준에 따라 해고대상자를 선정하며, ④ 해고회피 방법과 해고기준에 관하여 노동조합 또는 근로자대표에게 해고를 하려는 날의 50일 전까지 통지하고, ⑤ 이들과 성실히 협의해야 한다(동법 제24조 제1항 · 제2항 · 제3항).

여기서 절차적 요건의 하나인 합리적이고 공정한 기준은 실질적 기준의 성격을 띤다. 예컨대 여자사원을 우선적으로 해고한다거나 혹은 사내부부인 경우 그 중 한 명의 사원을 우선적으로 해고한다거나 하는 기준은 중대하고 명백하게 불합리하고 불공정한 것으로서 합법적인 해고의 기준으로 받아들여질 수 없게 된다. 만일 이처럼 합리적이고 공정한 기준을 설정해야 한다는 요구가 중대하고 명백하게 불합리하고 불공정한 해고의 기준을 통제하는 것이라면, 예외적인 해고의 절차적 요건은 해고의 금지와 같은 제한을 완화하는 기제로 작동할 수도 있게 된다.

3. 해고에서 도덕적 요청과 윤리적 요청

그러나 이와 같이 해고를 원칙적으로 금지하고 예외적인 경우에만 허용하는 법제는 민법상의 고용계약(민법 제655조)으로부터도 발견할 수 있는 '계약자유의 원칙'이라는 '근대법'의 도덕적 요청에 반한다. 특히 위에서 언급한 바와 같이 해고의 자유를 인정할 것인지 아니면 해고를 금지할 것인지의 문제가 '노동인권'에 관한 문제가 아니라 단지 노동시스템 또는 노동문화에 관한 문제라면, 해고의 자유를 인정해야 한다는 이와 같은 도덕적 요청은 더욱 강해질 수밖에 없다. 이런 요청의 연장선에서 해고의 자유를 지금보다는 넓히는 방향으로 나아갈 필요도 있을 것이다. 다만 이처럼 해고의 자유를 인정하는 경우에도 일정한 내재적 제한이 가해져야 하는데, 이는 사회적 약자인 근로자를 보호해야 한다는 윤리적 요청으로부터 도출된다. 그와 같은 내재적 제한을 구성하는 요소로는 경영전략적 판단과 근로자 보호조치를 들 수 있을 것이다.

우선 경영전략적 판단이란 내재적 제한은, 해고되는 근로자가 구조조정 되는 업무와 관련된 근로자이거나 직무수행능력이 없는 근로자일 것을 요구한다. 따라서 만일 위의 사안에서 해고된 근로자가 구조조정된 업무에 전속된 근로자가 아니거나 업무수행능력이 없는 경우가 아니라면, 그와 같은 해고는 정당한 해고로 인정될 수 없을 것이다. 다음으로 근로자 보호조치란 내재적 제한은 그 내용이 매우 개방적인데, 그 사회에 구직인프라가 어느 정도로 발달되어 있는지 그리고 노동시장의 유연성은 어느 정도인지에 따라 가변적일 수 있다. 예컨대 미국과 같이 구직 인프라가 잘 발달되어 있고 노동시장의 유연성이 강한 사회에서는 해고 후 1~2년 동안 임금을 지급하거나, 해고 후 전직을 위한 수단들을 제공하는 것만으로도 근로자 보호조치가 충분하다고 할 수 있다. 반면에 우리나라와 같이 구직인프라가 아직 잘 발달되어 있지 않고 노동시장도 경직되어 있는 사회에서는 이러한 보호조치만으로는 부족하고, 앞서 긴박한 경영상의 필요가 있는 경우 예외적으로 인정되는 해고의 절차적 요건으로 언급되었던 조치들까지 이행해야만 근로자 보호조치가 충분한 것으로 받아들여질 수 있다.

물론 원칙적으로 해고의 자유를 인정하되, 경영전략적 판단을 내리고 근로자 보호조치를 취해야 한다는 이와 같은 요구는 경영자들이 갖고 있는 현실적 윤리의식보다 한층 더 강한 윤리적 요청일 수 있다. 경영자들의 현실적 윤리의식은 원칙적으로 해고의 자유를 누리면서도 사회적 약자인 근로자들을 고려하여 근로자 보호조치를 취하는데 머물러 있는 것으로 보이기 때문이다. 하지만 '계약자유의 원칙'이란 도덕적 요청으로 인해 해고의 자유를 인정하는 경우에도 사회적 약자인 근로자를 보호해야 한다는 윤리적 요청이 준수되어야 하고, 이 경우에 근로자보호조치 뿐 아니라 해고되는 근로자가 구조조정 되는 업무와 관련된 근로자이거나 직무수행 능력이 없는 근로자인가 하는 경영전략적 판단까지를 그 내재적 제한으로 인정할 때 비로소, 자유주의적 법제도와 사회국가적 법제도가 완전히 변증되어 진정한 경영윤리를 구축할 수 있을 것으로 보인다.

Ⅲ. 참고 판례

1. "긴박한 기업경영상의 필요성"에 대한 유연한 해석

법원은 근로기준법 제24조 제1항의 "긴박한 기업경영상의 필요성"을 유연하게 해석하고 있는데, 이와 같은 법원의 해석은 '해고의 원칙적 금지'라는 우리 법제의 제한을 완화하는 기제로 작동한다.

[경영합리화 조치의 합리성] 정리해고의 한 요건인 '긴박한 기업경영상의 필요성'이라는 것은 기업의 인원삭감 조치가 영업성적의 악화라는 기업의 경제적인 이유뿐만 아니라 생산성의 향상, 경쟁력의 회복 내지 증강에 대처하기 위한 작업형태의 변경, 신기술의 도입이라는 기술적인 이유와 그러한 기술혁신에 따라 생기는 산업의 구조적 변화도 이유로 하여 실제 이루어지고 있고 또한 그럴 필요성이 충분히 있다는 점에 비추어 보면 반드시 기업의 도산을 회피하기 위한 것에 한정할 필요는 없고, 인원삭감이 객관적으로 보아 합리성이 있다고 인정될 때에는 '긴박한 경영상의 필요성'이 있는 것으로 넓게 보아야 한다(대판1991.12.10, 91다8647).

2. 해고기준의 합리성 및 공정성을 판단하는 한 요소로서 성실한 협의

근로기준법에 의해 예외적으로 인정되는 해고의 절차적 기준 중 하나인 해고기준의 합리성 및 공정성은 실체적으로 판단될 수밖에 없는 것임에도 불구하고, 우리 법원은 이에 대한 판단요소의 하나로서 또 다른 절차적 기준인 노동조합 또는 근로자대표와의 성실한 협의의 이행여부를 듦으로써, 예외적 해고의 절차적 요건에 대해서도 유연한 해석을 감행하고 있다.

> [절차적 요건의 완화] 합리적이고 공정한 해고의 기준 역시 확정적·고정적인 것은 아니고 당해 사용자가 직면한 경영위기의 강도와 정리해고를 실시하여야 하는 경영상의 이유, 정리해고를 실시한 사업 부문의 내용과 근로자의 구성, 정리해고 실시 당시의 사회경제상황 등에 따라 달라지는 것이고, 사용자가 해고의 기준에 관하여 노동조합 또는 근로자대표와 성실하게 협의하여 해고의 기준에 관한 합의에 도달하였다면 이러한 사정도 해고의 기준이 합리적이고 공정한 기준인지의 판단에 참작되어야 한다(대판 2002.7.9, 2001다29452).

연습문제

A사는 한국마사회법에 의해 독점적인 경마시행권을 부여받은 비영리 특수법인으로서, 경마의 개최, 경마장의 설치 등 그 운영에 관한 사항 뿐 아니라 자금운용이나 재산처분 등의 회계에 관련된 사항에 대해서도 문화관광부 장관의 관리·감독을 받도록 되어 있다. A사의 매출액은 1997년에 약 3조 1천억원에 이르던 것이 1998년에 접어들어서는 전반적인 국내경기 불황으로 약 2조 8천억원으로 감소하였다. 이에 정부가 공공기업의 경영혁신 정책을 적극적으로 추진하는 등 경영여건의 변화를 요구하자, A사는 이에 능동적으로 대처할 필요가 있다고 판단하여, 1998년 5월 21일 비정규직에 대한 인력감축 등을 내용으로 하는 '경영혁

신을 위한 조직개편 추진기본계획'을 수립하였다. 이에 따라 A사는 1998년 9월 21일 노동조합장에게 '이권개입 및 금품수수직원, 업무수행능력이 현저히 부족한 직원, 무사안일·복지부동 직원, 회사발전 저해·위화감 조성 직원, 징계처분을 받은 직원, 사생활 문란 직원, 회사 내 연고 근무 직원(부부, 부모와 자녀 등) 등' 이라는 고용조정기준을 통보하였다, 그리고 1998월 9월 30일 구체적인 해고대상자 선정기준과 협의가 전혀 없었음에도 노동조합장을 비롯하여 일부 조합원들로 구성된 비상대책위원회가 2급 직원들에 대한 고용조정대상자 선정통보를 한 다음날인 1998년 10월 1일 '비조합원에 대한 인원정리'를 발표하고 이들을 해고하였다.

[16] 영업양도와 근로관계

Ⅰ. 경영 사례

자동차에 필요한 전기기계장치 부품을 생산하는 A(주)는 1997년 말부터 경영악화로 부도위기에 직면하자, B사와의 사이에 A(주)의 전장사업부문과 관련된 일체의 자산을 271억 원에 매도하는 내용의 자산매매계약을 체결하였다. 그 주요내용은 A(주)가 B사에 토지, 건물, 기계장치, 공기구·비품, 재고자산, 리스자산, 이전기술 및 영업권 등을 매도하고 B사는 A(주)로부터 이를 매수하는 것이었다. 이에 더하여 A(주)는 전장사업부 소속 종업원들을 대상으로 B사로의 입사희망여부를 조사하여 그 결과를 B사에 통보하고 B사는 소요인력을 충원함에 있어서 공개채용 절차에 의거하여 기준인원의 범위 내에서 신규채용을 하되 A(주)가 통보한 입사희망자를 가급적 동 매매물건 인수전에 채용하도록 우선적으로 고려하며, A(주)는 B사의 채용전형에 합격한 자에 대하여 근로관계를 종료시키고 퇴직금 등 모든 금전사항을 1998년 4월 30일까지 정산처리해야 하나 B사는 동 매매물건 인수와 관련하여 A(주)의 종업원을 인수할 의무를 부담하지 않는 것을 그 내용에 포함시켰다. A(주)의 노동조합은 1998년 3월 23일 A(주)와의 사이에 노사협의회를 갖고 근로관계, 단체협약 유지 등을 요구하였으나 결렬되었고, A(주)는 1998년 3월 25일 전 장사업부 소속 근로자들에게 A(주)에 대한 사직서, B사로의 입사신청서, A(주)가 체불한 설 상여금 100% 삭감동의서가 함께 있는 서면을 개인별로 작성하여 제출하도록 통보하였다. A(주)는 1998년 3월 30일까지 모두 176명으로부터 개별적으로 재취업신청서를 제출 받아 이를 B사에 통보하였고 B사는 1998년 4월 1일자로 이들 모두를 신규 채용하였다. 그러나 A(주) 노동조합 조합원인 甲은 기한 내에 재취업신청서를 제출하지 않다가 1998년 4월 4일에 이르러 비로소 이를 제출하였지만 A(주)는 제출기한 도과를 이유로 이를 반려했고, 甲은 B사에 입사할 수 없게 되었다.

관계법령

- **근로기준법 제23조[해고의 제한]** ① 사용자는 근로자에게 정당한 이유 없이 해고, 휴직, 정직, 전직, 감봉, 그 밖의 징벌을 하지 못한다.
- **상법 제235조[합병의 효과]** 합병후 존속한 회사 또는 합병으로 인하여 설립된 회사는 합병으로 인하여 소멸된 회사의 권리의무를 승계한다.

Ⅱ. 경영윤리와 법적 쟁점

1. 사업인수의 세 가지 방법

영업양도는 사업을 인수하고자 하는 경영자가 선택할 수 있는 하나의 방법이다. 사업을 인수하는 방법으로는 영업양도 외에도 현물출자 및 합병이 있다. 합병은 재산의 이전이 포괄적이라는 점에서 영업양도 및 현물출자와 구별된다. 영업양도와 현물출자는 재산의 이전이 개별적이고 회사의 일부 사업부문만 넘길 수 있다는 점에서 공통되나, 영업양도는 인적·물적 시설이 모두 포함된 재산의 이전이란 점에서 현물출자와 구별된다. 영업양도, 현물출자, 합병이라는 세 가지 사업인수의 방법은 상당한 정도로 서로 대체가능성이 있으므로, 경영자의 입장에서는 세 가지 중 어느 것이 가장 유리한지를 판단해서 사업인수의 방법을 결정할 수 있다.

2. 세 가지 사업인수 수단의 효율성

현물출자, 영업양도, 합병이란 세 가지 사업인수 수단을 효율성의 측면, 좀 더 구체적으로 사업인수에 소요되는 시간 및 요구되는 자금의 규모를 기준으로 판단해보자.

① 우선 신속성의 면에서 보면, 합병의 경우에 가장 많은 시간이 소요되고 현물출자의 경우가 가장 신속하다. 합병은 주주총회(상법 제522조 제1항), 합병반대주주에 대한 주식매수청구권 행사기회 부여(상법 제522조의3) 등으로 인해 절차가 매우 복잡

하여 많은 시간이 소요된다. 이에 반해 현물출자 및 영업양도의 경우에는 이러한 절차를 필요로 하지 않는다. 그러나 영업양도는 인적·물적 시설이 모두 포함된 재산이전이므로 현물출자에 비해서는 신속성이 떨어진다.

② 다음으로 사업인수에 요구되는 자금의 규모면에서 볼 때, 현물출자의 경우에 필요자금의 규모가 가장 작다. X라는 기업이 자신의 사업부분인 x를 Y라는 기업에 현물출자 하는 경우를 가정해 보자. 이 경우 Y는 신주를 발행하여 이를 X에 배정한다. 원래 기업이 신주를 발행하게 되면 기존주주들에게 신주인수권을 부여해야 하는데(상법 제418조 제1항), 현물출자의 경우에는 이와 같이 바로 제3자인 X에게 신주를 배정하는 것이 가능해진다. 이 경우 Y 입장에서는 특별히 자금을 필요로 하지 않는다.[30] 이에 반해 영업양도나 합병의 경우에는 기업인수에 일정한 자금을 필요로 한다. 특히 영업양도의 경우 영업을 양수하는 기업은 기존 주주들에게 신주를 발행하여 이들로부터 주금납입금을 받던가, 아니면 신주인수권을 갖는 기존 주주들이 모두 실권하고 그 신주를 영업을 양도하는 기업에게 주는 방법으로 영업양도에 필요한 자금을 조달한다.

결국 종합적으로 판단해보면, 경영자의 입장에서는 [현물출자 → 영업양도→ 합병]의 순으로 효율성이 크다고 바라보기 쉽다.

---

30) 이와 같은 현물출자는 주로 기업집단에서 행해진다. 특히 Y의 재정이 어렵고 X의 x사업부분을 Y로 옮기는 것이 시너지효과로 인해 더 유리한 경우에 그러하다. 이렇게 되면 Y기업의 부채비율이 감소하여 재무구조가 개선될 뿐 아니라, X기업도 Y기업의 주식을 가지므로 X기업의 Y기업에 대한 지배가 더욱 강화되고, Y기업이 흑자가 되면 이는 X기업에게도 '지분법 평가이익'으로 귀속된다. 그럼에도 불구하고 X기업의 장부가치상 자산 감소는 거의 없다.

3. 영업양도와 경영책임윤리의 발현

그러나 세 가지 사업인수방식의 근로자보호 정도는 이와는 정반대의 양상을 띤다. 구체적으로 사업인수시의 근로관계 승계, 단체협약 승계, 퇴직금 승계에 대해 검토해 보도록 하겠다.

① 먼저 고용승계와 관련하여 보면, 현물출자의 경우에는 고용이 승계되지 않고 개별 퇴사·개별 취직의 형태를 취한다. 즉 이 경우에는 완전히 새로운 근로계약을 체결하게 된다. 이에 반해 영업양도의 경우에는 고용승계에 관한 명문의 규정은 없지만, 해석상 고용이 포괄적으로 승계되는 것으로 추정하고 다만 개별적으로 고용승계를 거부할 수 있는 것으로 하고 있다.[31] 그러나 합병의 경우에는 상법상 권리의무관계를 포괄적으로 승계한다는 규정(제235조)이 존재하므로, 개별적인 퇴사·입사의 절차가 전혀 필요 없이 근로관계가 자동적으로 승계된다.

② 다음으로 단체협약의 승계 여부를 검토해 보면, 현물출자의 경우에는 위에서 살펴본 바와 같이 고용이 승계되지 않고 완전히 새로운 근로계약이 체결되는 것이기 때문에 단체협약이 승계될 여지가 전혀 없다. 영업양도의 경우에도 해석상 고용승계는 인정하고 있지만, 근로관계가 내용상으로만 사실상 포괄승계 될 뿐이므로 단체협약의 승계는 인정되지 않는다. 이에 반해 합병의 경우 합병 후 기업에게는 합병 전 기업이 맺었던 단체협약까지도 준수해야 할 의무가 인정된다. 따라서 만약 합병 전 기업이 단체협약을 통해 일정한 상여금을 지급하기로 하였다면 합병 후 기업에게도 또한 이와 같은 상여금을 지급해야 할 의무가 인정

31) 대판 2002.3.29, 2000두8455; 1994.6.28, 93다33173.

된다.

③ 마지막으로 퇴직금의 승계와 관련하여 보면, 현물출자의 경우에는 당연히 그와 같은 승계가 인정되지 않고, 합병의 경우에는 당연히 퇴직금의 승계가 인정된다. 영업양도의 경우에도 승계되지 않는다고 보는 것이 논리적이다.

따라서 사업인수의 세 가지 수단들을 근로자보호의 정도가 강한 순으로 나열해 보면, [합병→ 영업양도→ 현물출자]의 순이 될 것이다. 그러므로 경영자의 입장에서 본다면 효율성을 위해 현물출자로 나아가는 것이 마땅한데, 그리하지 않고 해석상의 고용승계 및 실무상의 퇴직금 승계까지 인정되고 있는 영업양도로 나아가는 것 자체가 경영책임윤리에 부합하는 것이라고 평가할 수 있을 것이다.

4. 사업인수 실무에서 경영심정윤리의 발현

그러나 현물출자 및 영업양도의 실무를 들여다보면, 위에서와 같은 경영책임윤리를 넘어서는 경영심정윤리가 작동하고 있음을 발견할 수 있다. 즉 현물출자나 영업양도를 불문하고 대부분의 경우에는 합병시에 인정되는 정도의 근로자 보호를 해주고 있는 것이 사업인수의 실무현실이다. 현물출자의 경우에 고용 승계, 단체협약 승계, 퇴직금 승계가 법규정이나 법해석상으로 전혀 인정되지 않고 있음에도 불구하고 실무상 이를 인정하는 이유로는, 이것이 대부분 기업집단에서 이루어진다는 점에서 '한 식구'라는 의식이 강하다는 점과, 또한 현물출자를 통해 출자 하는 기업이나 출자 받는 기업이나 둘 다 모두 순환적 이익을 얻을 가능성이 크다는 점을 들 수 있을 것이다. 영업양도의 경우에도 법규정이나 법해석에 의해서는 인정되지 않고 있는 단체협약 및 퇴직금 승계 또한 실무상 인정되고 있다. 그러므로 실무현실에서는 세 가지 사업인수 방식의 근로자 보호정도 사이에 그리 큰 차이가 존재하지 않게 된다. 이처럼 현물출자나 영업양도의 경우에도 합병에 준하는 정도의 근로자 보호가 실현되고 있다는 사실로부터 경영책임윤리를 넘어서는 경영심정윤리가 사업인수 실무에서 작동하고 있음을 발견할 수 있다.

Ⅲ. 참고 판례

1. 영업양도에 따른 근로관계의 원칙적 포괄승계

영업양도시에 근로관계 또한 승계되는 것인가에 관해서는 학설상 다툼이 있으나, 우리 대법원은 영업양도에 따라 근로관계도 원칙적으로 포괄승계 된다는 입장을 취하고 있다. 다만 대법원에 따르면 영업양도의 당사자간에 특약이 있는 경우에는 근로관계의 승계가 부정될 수 있지만, 그러한 특약이 단지 영업양도를 이유로 하는 것이라면 이는 부당한 해고에 해당된다고 한다.

[영업양도를 이유로 한 근로관계 승계부정의 특약과 부당해고]
영업이 양도되면 반대의 특약이 없는 한 양도인과 근로자 사이의 근로관계는 원칙적으로 양수인에게 포괄적으로 승계되고, 영업양도 당사자 사이에 근로관계의 일부를 승계의 대상에서 제외하기로 하는 특약이 있는 경우에는 그에 따라 근로관계의 승계가 이루어지지 않을 수 있으나, 그러한 특약은 실질적으로 해고나 다름이 없으므로 근로기준법 제30조 제1항 소정의 정당한 이유가 있어야 유효하며, 영업양도 그 자체만을 사유로 삼아 근로자를 해고하는 것은

정당한 이유가 있는 경우에 해당한다고 볼 수 없다(대판 2002.3. 29, 2000두8455; 1994.6.28, 93다33173).

2. 재취업신청서 제출기한 도과를 이유로 한 고용승계 거부의 부당성

뿐만 아니라, 대법원은 영업양도시 양도기업의 근로자가 재취업신청서 제출기한을 도과하여 이를 제출하였다는 이유만으로 그에 대한 고용승계를 거부하는 것은 부당하다는 입장을 취하고 있다.

[영업양도시 재취업신청서 제출기한 도과를 이유로 한 고용승계 거부의 부당성] 甲이 지정된 기일 내에 재취업신청서를 제출하지 않은 것은 사실이지만, 이는 甲이 조합원으로 있던 A(주) 노동조합이 "A(주)가 근로자들로 하여금 개별적으로 취업신청을 하게 하거나 일방적으로 사직 및 상여금 삭감에 동의하도록 하는 것은 부당하다"고 주장하며 전 조합원의 일괄 고용승계를 요구하다가 이러한 요구가 관철되지 않자 제출기한이 지난 이후에 비로소 이를 제출한 것에 불과할 뿐 재취업 의사가 없었기 때문은 아니었던 것으로 보이는 점, 이 사건 계약의 실질이 영업양도에 해당한다면 일괄 고용승계를 주장하는 것이 부당하다고 할 수 없을 뿐만 아니라, 재취업 신청과 상여금 삭감을 연계시킬 합리적 이유가 없음에도 A(주)가 재취업 신청을 받는 것을 기화로 상여금 삭감에 대한 동의도 함께 받으려 하자 이에 항의하는 뜻에서 재취업신청서를 제출하지 않은 것이 甲의 귀책사유라고 볼 수도 없는 점, 재취업신청서를 제출한 전원이 다시 채용된 것으로 보아 재취업신청서의 제출은 형식적인 절차에 불과한 것으로 보이는 점 등을 종합하여 보면, 지정된 기일로부터 4일이 지난 뒤에 재취업신청서를 제출하였다는 이유만으로 원고들에 대한 고용승계를 거부한 것은 부당하

다(대판 2002.3.29, 2000두8455).

연습문제

버스정비사인 甲은 1994년 11월 10일부터 A버스(주)서 근무하였다. 1999년경부터 버스업계의 경영이 지속적으로 악화되자 지방자치단체는 불황을 극복하기 위한 조치로 버스업체의 대형화 및 경영개선을 통한 자율적인 구조조정 등을 요구하였다. 당시 적자가 누적되고 있던 A사는 이러한 구조조정 요구를 받아들여, 1999년 11월 8일 A사의 버스 총 43대와 운송사업면허권을 B사에 양도하는 양도계약을 체결하였다. 그러나 B사와의 양도계약에는 버스와 운송사업면허권 이외의 사무실, 집기, 시설 등의 부대시설과 A사의 채권, 채무는 양수하지 않는다고 명시하였다. 이후 A사는 자신의 비용으로 퇴직 근로자들에 대하여 퇴직금 및 퇴직위로금을 지급하는 등 근로계약관계를 모두 정리하고는 폐업하였다. A사업을 양수한 B사는 A사의 운전기사들 중 채용을 희망하는 일부 운전기사들과 일부 정비공을 B사의 근로조건에 따라 채용하였다. 甲은 B사의 정비공으로 근무하기를 희망했으나, B사에 채용되지 않았다.

[17] 스톡옵션

Ⅰ. 경영 사례

A사는 오랫동안 재무상태가 좋지 않자 경영능력을 갖춘 새로운 경영자를 필요로 하게 되었다. 그리하여 A사는 A사와 유사한 재무적 상황에 처해 있던 다른 기업에서 괄목할만한 경영성과로 유명해진바 있는 甲에게 고용계약을 맺을 것을 권유하였다. 그러나 甲은 자신이 A사를 경영하여 성과를 거두었을 경우 이에 대한 지분적 이익을 얻을 기회가 보장되지 않는다면 고용계약을 맺지 않을 것이라며 부정적인 태도로 일관하였다. 그리하여 A사는 고용계약을 맺는 조건으로 甲에게 스톡옵션(stock option)을 부여하기로 하였다. 마침내 1935년 10월 2일, A사와 甲 사이에 최초의 고용계약이 성립되었고, 그 주요 내용은 다음과 같았다. "계약의 존속기간인 5년 동안 甲은 연봉 $30,000와 더불어 주당

$1에 회사의 보통주 20,000주를 매수할 수 있는 주식매수선택권(option)을 부여 받는다. 만일 재무개편(capital reorganization)이 발생하는 경우, 주식매수선택권이 미치는 주식의 수는 회사의 수권보통주 전체에 비례하여 남게 된다." 계약 당시 회사주식의 시가는 50센트 미만이었다. 甲의 연봉이 $35,000로 오른 것을 제외하고는 전체 계약이 별 변경 없이 1937년에 갱신되었다. 1942년 계약은 다시 갱신되었는데, 이때는 다음과 같은 변경이 있었다. ⓐ 甲의 연봉은 $40,000로 재차 올랐다. ⓑ 재무개편의 결과 선택권이 미치는 주식의 수는 26,000주로 증가했다. ⓒ 이전 계약과 달리 "옵션은 경영자를 새로이 고용하거나 경영자와의 고용을 유지하기 위한 합의를 위해 그에게 제공하는 추가적인 대가"라는 설명이 빠져 있었다. 1946년 甲은 처음으로 주식매수선택권을 행사하여 시장가가 대략 주당 $11.125인 회사주식 26,000주를 취득했다. 이에 A사의 소수주주(minority shareholder)는 스톡옵션에 대한 대가가 결여되었으며, 甲이 스톡옵션의 행사로 얻은 총액이 과다하고, 甲의 스톡옵션 행사는 경영권을 유지하기 위한 부적절한 목적에서 행해졌다는 점을 근거로 스톡옵션의 발행 및 행사를 무효로 하기 위한 대표소송(derivative suit)을 제기했다.

관계법령

– **상법 제340조의2[주식매수선택권]** ① 회사는 정관이 정한 바에 따라 제343조의 규정에 의한 주주총회의 결의로 회사의 설립 · 경영과 기술혁신 등에 기여하거나 기여할 수 있는 회사의 이사 · 감사 또는 피용자에게 미리 정한 가액(이하 "주식매수선택권의 행사 가액"이라 한다)으로 신주를 인수하거나 주식을 매수할 수 있는

권리(이하 "주식매수선택권"이라 한다)를 부여할 수 있다. 다만, 주식매수선택권의 행사가액이 주식의 실질가액보다 낮은 경우에 회사는 그 차액을 금전으로 지급하거나 그 차액에 상당하는 자기의 주식을 양도할 수 있다. 이 경우 주식의 실질가액은 주식매수선택권의 행사일을 기준으로 평가한다.

② 생략

③ 제1항의 규정에 의하여 발행할 신주 또는 양도할 자기의 주식은 회사의 발행주식총액의 100분의 10을 초과할 수 없다.

- 상법 제340조의4[주식매수선택권의 행사] ① 제340조의2 제1항의 주식매수선택권은 제340조의3 제2항 각호의 사항을 정하는 주주총회결의일부터 2년 이상 재임 또는 재직하여야 이를 행사할 수 있다.

- 증권거래법 제189조의4[주식매수선택권] ① 주권상장법인 또는 코스닥상장법인은 「상법」 제340조의2 내지 제340조의5의 규정에 불구하고 그 정관이 정하는 바에 따라 「상법」 제434조의 규정에 의한 결의(이하 이 조에서 "특별결의"라 한다)에 의하여 당해 법인의 설립·경영·해외영업 또는 기술혁신등에 기여하거나 기여할 수 있는 당해 법인 또는 대통령령이 정하는 당해 법인의 관계회사의 임·직원(대통령령이 정하는 자를 제외한다. 이하 이 조에서 같다)에게 미리 정한 가격으로 신주를 교부하거나 기타 대통령령이 정하는 방법에 따라 당해 법인의 주식을 매수할 수 있는 권리(이하 "주식매수선택권"이라 한다)를 이 조의 규정에 따라 부여하여야 한다.

②, ③, ④ 생략

⑤ 주식매수선택권은 제1항 또는 제3항 단서의 규정에 의한 결의일부터 당해 법인의 정관에서 정한 주식매수선택권의 행사만료일까지 회사에 대하여 그 효력을 가진다. 이 경우 주식매수선택권을 부여받은 자는 총리령이 정하는 경우를 제외하고는 제1항 또는 제3항 단서의 규정에 의한 결의일부터 2년 이상 재임 또는 재직하여야 이를 행사할 수 있다.

Ⅱ. 경영윤리와 법적 쟁점

1. 스톡옵션 부여의 불가피성

스톡옵션(Stock Option)은 법률상의 용어로 주식매수선택권이라 하는데, 이는 기업의 임직원에게 회사 주식을 미리 정해진 행사가로 매수할 수 있는 권리를 부여하는 것을 말한다. 이러한 스톡옵션제도는 1997년 증권거래법 개정에 의해 우리나라에 최초로 도입되었고, 그 후 1999년 개정상법에도 스톡옵션제도가 도입됨으로써 모든 주식회사가 스톡옵션을 부여할 수 있게 되었다. 기업의 실무현실을 고려할 때, CEO 입장에서는 상무 이상의 경영진에게 이와 같은 스톡옵션을 부여하지 않을 수 없는 불가피성이 있다. 즉 스톡옵션을 받지 않은 경영진들이 이에 불만을 품고 스톡옵션을 부여하는 다른 경쟁기업으로 이직할 경우 회사의 기밀이 유출되거나, 업무인계에 상당한 시간이 소요되는 등으로 인해 기업 경쟁력에 상당한 변화를 가져올 수 있기 때문이다.

2. 스톡옵션의 세 가지 차원

이와 같은 스톡옵션의 부여 및 행사가 경영윤리에 합치하는가를 판단하기 위해 고려되어야 할 요소로는 다음과 같은 세 가지 점을 들 수 있다.

① 첫째, 스톡옵션이 상여금, 즉 실질연봉으로서의 성격을 갖는다는 점이다. 실질연봉으로서 스톡옵션을 부여하는 기업의 입장에서 보면, 스톡옵션은 당장에는 현금지출을 필요로 하지 않으

므로 자금 부담을 덜 수 있다.

② 둘째, 스톡옵션의 공정성 문제, 즉 스톡옵션이 '주주평등원칙'을 침해할 여지가 있다는 점이다. 그러나 스톡옵션 그 자체가 주주평등원칙을 침해하는 것이라고 보기는 어려울 것이다. 왜냐하면 상법이나 증권거래법상 스톡옵션의 부여사실을 공시하도록 하고 있으므로(상법 제340조의3 제4항, 증권거래법 제189조의4 제9항), 스톡옵션을 부여할 때 그 기업의 주식을 매수하였다가 스톡옵션을 행사할 때 이를 매도할 수 있는 주식거래의 자유가 누구에게나 존재한다고 할 수 있기 때문이다.

따라서 스톡옵션과 관련된 진정한 공정성 문제는 주주평등원칙의 침해 문제가 아니라 '경영의 효율성', 즉 성과의 문제라고 할 것이다. 주식시장에서 기업성과의 바로미터는 곧 주가라는 점에서 볼 때, 스톡옵션과 관련하여 기업의 주가를 끌어올릴만한 경영 성과를 내고 그 만큼의 실질연봉을 가져가라는 공정성 요구가 있을 수 있다. 이에 따르면 주가는 전혀 오르지 않았는데도 불구하고, 단지 행사가가 낮게 책정되었다는 이유로 스톡옵션을 보유한 경영진들이 막대한 이익을 얻는 것은 이러한 공정성 요구에 반하는 것일 수 있다. 스톡옵션의 이와 같은 공정성 문제로 인해 최근에는 다수의 기업들이 스톡옵션 대신 스톡그랜트(Stock Grant)를 부여하고 있다. 스톡그랜트는 연봉이 아닌 성과급으로서 성과에 비례하여 주식을 부여할 뿐 아니라, 회사가 주식을 매입하여 임원에게 부여하거나 회사가 자기주식을 임원에게 부여하므로 임원의 입장에서 매입자금을 전혀 필요로 하지 않는다.

③ 셋째, 스톡옵션이 경영권방어 또는 유지의 한 수단이 될

수 있다는 점이다. 그러나 우리나라에서는 현실적으로 임원들에게 부여되는 스톡옵션이 발행주식총수의 0.5%~3% 정도밖에 미치지 않는다는 점을 고려할 때, 스톡옵션을 통한 경영권 방어나 유지 기능은 그리 크지 않을 것이다. 다만 스톡옵션이 지주회사와 관련되는 경우에는 좀 다른 결론이 도출될 수 있다. 스톡옵션을 부여한 임원이 이를 행사하게 되면 — 임원이 우선 주주가 되고, 임원이 보유한 주식을 회사가 다시 매입함으로써 — 결국 스톡옵션을 부여한 기업은 자사주를 갖게 된다. 이처럼 스톡옵션의 부여로 인해 결과적으로 회사가 갖게 된 자사주는 지주회사가 되기 위한 법적 요건으로서 20% 지분율(독점규제 및 공정거래에 관한 법률 제8조의2 제2항 제2호)을 달성하는데 얼마간 도움이 될 수 있다. 이와 같이 지주회사로의 전환에 기여하는 것도 넓게 보면 경영권 유지의 한 양태로 이해될 수 있을 것이다.

3. 스톡옵션 부여의 윤리성

따라서 스톡옵션의 부여 및 행사가 경영윤리에 합치하는지 여부는 실질연봉으로서의 스톡옵션(A), 스톡옵션의 공정성(B), 경영권 방어 또는 유지 수단으로서의 스톡옵션(C)이라는 세 가지 윤리적 지표의 조합이 어떠하냐에 따라 달리 판단될 수 있을 것이다.

① 우선 실질연봉으로서 스톡옵션이 많이 부여되고, 성과도 많아서 공정성도 강하지만, 경영권 방어나 유지 수단으로서의 성격이 약한 경우, 즉 [A · B>C]형은 경영윤리에 가장 강하게 합치한다고 볼 수 있다.

② 다음으로 성과가 많아 공정성이 강하고, 경영권 방어나 유

지 수단으로서의 성격도 강하게 갖지만, 실질연봉으로서 스톡옵션이 조금 부여된 경우, 즉 [B · C>A]형은 앞의 경우만큼은 아니지만 기본적으로 경영윤리에 합치한다고 할 것이다.

③ 마지막으로 실질연봉으로서의 스톡옵션이 많이 부여되었고, 경영권 방어나 유지 수단으로서의 성격도 강하지만, 성과가 작은 경우, 즉 [A · C>B]형은 경영윤리에 가장 반하게 된다. 이 경우에는 스톡옵션이 주로 경영진들의 집단적 이익에 기여하게 됨으로써 주주평등에 반하고 주주들의 실질 주주가치가 하락하는 등 대리인문제(agency problem)[32]를 초래하게 된다.

그럼에도 불구하고 현행법상 위의 세 경우는 모두 합법적이다. 그러나 마지막 ③형의 경우, 즉 스톡옵션이 경영진들의 집단적 이익에만 기여하게 되는 경우는 실질적으로 상법상 회사재산을 위태롭게 하는 죄(상법 제625조)와 유사한 불법의 요소를 갖추고 있다. 따라서 입법론적으로는 이와 같은 경우에도 회사재산을 위태롭게 하는 죄의 형사불법성을 인정할 여지가 있을 것이다.

Ⅲ. 참고 판례

위 사안에 대해 Delaware주 지방법원은 甲에 대한 A사의 스

32) 주주는 회사 재산의 주인이고, 이러한 재산을 운용하는 경영자가 바로 대리인이다. 주주들은 자신의 대리인인 경영자들이 자신들의 이익을 극대화해주길 원하지만, 대리인인 경영자들은 회사의 재산에 대한 지분을 전혀 갖고 있지 않거나 매우 제한된 지분만을 갖고 있기 때문에 회사의 재산을 자신의 이익을 도모하기 위해 사용하는 문제가 발생한다. 이와 같은 문제로 인해 발생하는 손실을 대리인 비용(agency cost)라 한다. 이에 대해서는 심열일, 『스톡옵션의 이론과 실무』, 다산출판사, 2002, 23~24쪽.

톡옵션 부여뿐 아니라, 甲의 스톡옵션 행사 또한 유효하다고 판시한 바 있다.

> [유효한 스톡옵션의 부여 및 행사] ① **스톡옵션의 유효성 인정** — 스톡옵션은 무효가 아니다. 비록 고용계약이 엄밀히 말해 강제할 수 있는 것은 아니라 하더라도, 이것이 회사의 주식을 발행해줄 것이라는 약속에 대한 유효한 대가에 해당함은 분명하다. 스톡옵션은 오직 甲이 현실적으로 회사에 대해 노무를 제공하는 동안에만 행사될 수 있었으므로, 대가의 결여는 존재하지 않는다. 스톡옵션이 "추가적 대가"라는 점에 대한 언급을 빠뜨린 것은 단순한 부주의일 뿐이다. ② **스톡옵션 행사의 불공평성 부정** — 스톡옵션의 행사가 무효로 되어야 할 만큼 부당하거나 불공평한 것은 아니다. 만약 고용계약을 맺을 당시인 1942년에 스톡옵션이 유효한 것이라면 5년이란 기간 중 합리성이 결여되었다는 오점으로부터 완전히 자유롭기 위해 스톡옵션을 행사해야 할 특정한 날짜를 정하는 것은 어려우며, 법원 또한 유효한 주식매수선택권의 행사와 무효인 주식매수선택권의 행사 사이에 정확한 경계선을 설정할 수 없다. 사안에서와 같은 주식가치의 상승은 모든 당사자들의 희망이자 기대이며, 그와 같은 증가가 있었다 하여 스톡옵션의 행사가 저절로 무효가 되는 것은 아니다. 또한 원고는 주식가치의 상승이 甲에게 26,000주에 대해 주당 $10, 즉 총이익 $260,000에 이르는 막대한 이익을 가져다주었다고 주장하고 있으나, 26,000주는 총 발행주식 80,000주의 일부분에 지나지 않고 — 물론 불가능한 일이겠지만 각각의 주식이 모두 시장가격에 매도될 수 있다고 가정한다면 — 각각의 주식에 대한 시장가격은 동일한 비율로 증가했다는 점에 주의해야 한다. ③ **경영권 유지라는 부적절한 목적의 부정** — "기업의 주식은 부적절한 목적, 예컨대 기업에 대한 지배권을 유지하기 위한 목적을 위해 발행될 수 없다"는 원칙은, 기업에 대한 지배권을 유지하기 위해 아무런 대가 없이 이사 자신들에 대해 당해 기업 주식의

51%를 발행한 것과 같은 사안에 대해 적용될 수 있다. 따라서 이 원칙이 이 사안에 적용되어야 할 사실적·법적 근거는 전혀 존재하지 않는다. 사안에서 甲은 유효한 스톡옵션을 보유하고 있었고, 스톡옵션은 또한 그것이 행사될 수 있는 기간 안에 행사되었다 (Wyles v. Campbell[D.C. Del. 1948] 77 F. Supp. 343).

연습문제

컴퓨터 사업을 영위하는 A사는 유능한 경영자 甲에게 스톡옵션을 주기로 결정하였고, A사의 이사회는 이에 따라 2000년 1월 18일 甲에 대한 스톡옵션의 부여를 승인하였다. 당시 재정 담당 이사였던 乙은 甲의 탁월한 경영능력으로 인해 경쟁사들도 甲을 스카웃 하고자 혈안이 되어 있음을 알고, 甲에 대한 스톡옵션의 부여일을 이사회 승인 날짜(2000년 1월 18일)가 아닌 6개월 기간 중 가장 주가가 낮은 2000년 1월 12일로 하였다. 그리고 이를 주주에게 공고하지 않았다. 이때 부여된 스톡옵션은 만약 1년에 주가가 5센트 오른다고 가정했을 때, $548,000,000의 가치를 지니는 것이었다. 그러나 2003년에 甲은 2000년에 부여된 스톡옵션을 취소하고, 이에 대한 대가로 A사의 제한부주식 $74,000,000치를 받았다.

[18] 제조물책임

Ⅰ. 경영 사례

甲은 2001년 A사가 제조한 자동온수세정기(비데) 1대를 구입하여 화장실 좌변기에 설치해 사용하고 있었다. 그러던 중 2003년 8월 이 아파트에서 화재가 발생하여 온수세정기와 아파트 내에 있던 가재도구, 가구, 전자제품 등이 소훼되거나 화재로 인한 화염에 의해 오염되었고, 아파트 실내 벽면, 천정 등이 화염으로 인해 훼손되었다. 甲은 온수세정기를 구입, 설치한 후 몇 개월이 지나 온수세정기의 난방변좌기능이 제대로 작동되지 않아 A사 서비스센터에 의뢰하여 고장수리를 한 차례 받았을 뿐, 화재가 발생할 당시까지 별다른 고장 없이 이를 사용해 왔다. 甲은 평소 아파트 화장실에 온수세정기 뿐 아니라 전동칫솔, 헤어드라이어 등을 비치하고 화장실 벽면에 매립된 콘센트에 연결하여 이를 사용해 왔는데, 온수세정기와 전동칫솔은 평소 전원을 연결한 상태로 두었고, 헤어드라이어는 이를 사용할 때에만 전원을 연결하였다. 이 사건 화재 현장을 감식한 국립과학수사연구소 남부분소에서는, 이 사건 화재는 아파트 화장실 내에 있는 온수세정기 설치부위를 중심으로 연소되다가 중단된 상태이고, 화장실에서 수거한 전선 조각 중 온수세정기의 전원코드로 추정되는 전선에서 전기적 용단현상이 나타나고 있는 점 등으로 미루어 화재의 원인을 온수세정기 전원코드의 전기합선에 의한 발화로 추정하면서 다만 전기합선의 원인은 전원코드가 설치된 상태에서 심하게 꺾인다거나 눌림, 잡아당김, 특정물체 사이에 끼여 절연피복이 손상되거나 처음부터 전선이 손상되었을 가능성이 있고, 그렇지 않고 사람에 의한 실화나 방화 가능성도 있다고 보아 두 가지 가능성 중 어느 것이 화재발생의 원인인지는 단정하기 어렵다는 의견을 밝혔다.

관계법령

– **제조물책임법 제2조[결함]** 이 법에서 사용하는 용어의 정의는 다음과 같다.

2. "결함"이라 함은 당해 제조물에 다음 각목의 1에 해당하는 제조·설계 또는 표시상의 결함이나 기타 통상적으로 기대할 수 있는 안전성이 결여되어 있는 것을 말한다.

가. "제조상의 결함"이라 함은 제조업자의 제조물에 대한 제조·가공상의 주의의무의 이행여부에 불구하고 제조물이 원래 의도한 설계와 다르게 제조·가공됨으로써 안전하지 못하게 된 경우를 말한다.

나. "설계상의 결함"이라 함은 제조업자가 합리적인 대체설계를 채

용하였더라면 피해나 위험을 줄이거나 피할 수 있었음에도 대체설계를 채용하지 아니하여 당해 제조물이 안전하지 못하게 된 경우를 말한다.

다. "표시상의 결함"이라 함은 제조업자가 합리적인 설명·지시·경고 기타의 표시를 하였더라면 당해 제조물에 의하여 발생될 수 있는 피해나 위험을 줄이거나 피할 수 있었음에도 이를 하지 아니한 경우를 말한다.

– **제조물책임법 제3조[제조물책임]** ① 제조업자는 제조물의 결함으로 인하여 생명·신체 또는 재산에 손해(당해 제조물에 대해서만 발생한 손해를 제외한다)를 입은 자에게 그 손해를 배상하여야 한다.

– **제조물책임법 제4조[면책사유]** ① 제3조의 규정에 의하여 손해배상책임을 지는 자가 다음 각호의 1에 해당하는 사실을 입증한 경우에는 이 법에 의한 손해배상책임을 면한다.

1. 제조업자가 당해 제조물을 공급하지 아니한 사실
2. 제조업자가 당해 제조물을 공급한 때의 과학·기술수준으로는 결함의 존재를 발견할 수 없었다는 사실
3. 제조물의 결함이 제조업자가 당해 제조물을 공급할 당시의 법령이 정하는 기준을 준수함으로써 발생한 사실
4. 원재료 또는 부품의 경우에는 당해 원재료 또는 부품을 사용한 제조물 제조업자의 설계 또는 제작에 관한 지시로 인하여 결함이 발생하였다는 사실

Ⅱ. 경영윤리와 법적 쟁점

1. 제조물책임법에 대한 경제학적 분석

제조물의 결함으로 인해 피해를 입은 소비자가 일반 민법상의 불법행위책임(민법 제750조)을 추궁하여 손해를 전보 받는 것

이 가능함에도 불구하고, 「제조물책임법」을 따로 제정한 이유는 제조업자에게로의 입증책임의 전환(제4조 제1항), 소멸시효의 확대(제7조 제2항) 등을 통해 소비자의 권익, 즉 소비자의 생명, 신체, 재산에 대한 보호를 강화하기 위함이다. 따라서 제조물 책임법은 그 자체로 소비자, 즉 피해를 본 개별 소비자의 권익을 강화시키는 측면이 있다. 그러나 제조물책임법은 이와 같이 직접적으로 소비자의 권익을 강화시킬 뿐 아니라, 간접적으로도 소비자의 권익을 강화시킨다. 제조물책임법의 핵심은 바로 입증책임의 전환 규정(제4조 제1항)이라고 할 수 있는데, 현실적으로 기업이 자신의 무과실을 입증하는 것은 매우 어렵기 때문에 제조물책임에 따른 배상비용을 비축해 놓을 필요가 생긴다. 이는 결국 기업의 비용 부담을 증가시키는 요인으로 작동하게 되고, 기업의 비용부담은 결국 기업의 경영부담으로 이어지기 때문에 기업은 이와 같은 비용을 감소시키기 위한 전략을 채택한다. 이러한 전략으로는 리콜 실시를 확대한다거나, 생산방식 또는 생산라인의 변경을 통해 품질을 개선하는 것 등이 있을 수 있고, 이는 다시 기업의 경쟁력을 강화시킬 뿐 아니라 간접적으로 소비자 권익을 강화시키는데도 기여한다. 즉 이 경우에는 다음과 같은 선순환이 일어난다.

소비자 권익의 증대 → 제조물책임 강화 → 기업의 배상비용 증가 → 비용감소전략으로서 리콜의 확대 및 품질 개선 → 경쟁력 강화 및 소비자 권익의 증대

하지만 기업들이 언제나 제조물책임에 따른 비용부담을 이유

로 이와 같은 비용감소전략을 채택하는 것은 아니다. 기업들이 리콜실시 확대 및 품질 개선 등과 같은 전략으로 나아가는 경우는 이에 드는 비용이 제조물책임으로 인한 배상비용보다 적은 경우에 한한다. 그 반대의 경우 기업들은 그냥 제조물책임으로 인한 배상비용을 감수하게 된다. 그러므로 순수하게 경제학적으로만 판단해 보면, 제조물책임으로 인한 배상비용이 리콜 확대 및 품질 개선에 드는 비용보다 큰 경우에 품질 개선을 통한 경쟁력 강화란 선순환이 발생하게 된다.

그러나 위에서와 같은 경제학적 분석은 경제적 비용만을 고려할 뿐 사회적 비용을 바라보지 못한다. 제조물책임법으로 인해 배상비용이 증가되든 아니면 품질개선 비용이 증가되든 간에 기업의 비용부담이 증가하게 되면, 이는 기업의 수지를 악화시켜 급기야 품질개선이 불가능한 상태로까지 기업을 몰고 갈 수 있다. 이렇게 되면 품질이 저하되어 그 자체만으로도 소비자의 권익을 침해하게 될 수 있고, 품질의 저하가 매출액감소를 가져오고 이것이 기업을 도산으로 내몲으로써 시장에서 공급자가 사라지거나 시장이 독점화되어 간접적으로 소비자의 권익을 침해할 수도 있다. 따라서 제조물책임법은 다음과 같은 악순환을 발생시킬 수도 있다.

소비자 권익의 침해 → 제조물책임 강화 → 배상비용의 증가나 품질개선비용의 증가로 인한 기업의 비용부담증가 → 기업수지 악화 → 품질개선 불가능 → 품질저하 → (매출액 감소 → 기업 도산 → 시장에서 공급자가 사라지거나 시장이 독점화됨) → 소비자 권익의 침해 이와 같은 악순환을 발생시키는 제조물책임법은 반생산적 또는 역기능적이라는 평가를 받아 마땅할 것이다.

2. 제조물책임의 구조적 문제점

제조물책임법에 의해서는 이와 같이 선순환과 악순환의 두 가지가 모두 발생할 수 있는데, 현실에서는 제조물책임법이 선순환 대신 악순환을 발생시킬 가능성을 높이는 세 가지 요소가 존재한다: 무과실책임화, 제조물집단소송화, 미디어재판.

① 첫째, 입증책임 전환 규정(제조물책임법 제4조 제1항)의 존재는 원칙적으로 제조물책임이 무과실책임이 아닌 위험책임임을 의미하는데, 현실에서 제조물책임은 사실상 무과실책임으로 운영될 여지가 매우 크다. 예컨대 제조물책임법 제4조 제1항 제2호는 제조업자가 "당해 제조물을 공급한 때의 과학·기술 수준으로는 결함의 존재를 발견할 수 없었다는 사실"을 입증한 경우 배상책임을 면제시켜 주지만, 여기서의 '과학·기술 수준'을 어떻게 설정하느냐에 따라 제조물책임은 위험책임이 아니라 사실상 무과실책임으로 운용될 가능성이 있다. 이처럼 제조물책임이 무과실책임으로 운용되는 현실은 제조물책임법이 위에서와 같은 악순환을 발생시키도록 하는 하나의 요소가 된다.

② 둘째, 제조물책임에 대해 집단소송제를 도입해야 한다는 주장은 제조물책임법이 악순환을 발생시키는 방향으로 집행되도록 하는 또 하나의 요소가 된다. '제조물집단소송제'는 아직 법제화되어 있는 것은 아니지만, 시민단체 등에 의해 꾸준히 주장되어 오고 있다. 그러나 미국의 집단소송제가 집단소송을 수행하는 변호사들의 '제 살 찌우기'를 위한 수단으로 악용되는 점 등을

통해 볼 때,[33] 제조물집단소송제의 도입에 대해서는 신중할 필요가 있다.

③ 마지막으로는 미디어의 문제를 들 수 있다. 미디어들은 제품의 결함이 확인되기도 전에 이를 보도함으로써 기업들에게 제조물책임에 따른 배상책임액을 훨씬 웃도는 이미지 타격을 입힐 수 있다. 특히 기업이 제조물책임법의 선순환에 들어가기 위해 노력하는 과정에서 미디어가 부적절하게 보도를 하게 되면, 기업들은 회복할 수 없는 매출액 감소를 경험하게 되고 따라서 제조물책임법의 선순환에 들어가는 것은 애당초 불가능해질 수밖에 없다.

3. 제조물책임에서 법과 경영윤리의 간극

현행 「제조물책임법」은 이로 인해 위에서 언급한 선순환이 발생하는지 아니면 악순환이 발생하는지를 불문하고 모든 경우에 적용된다. 그러나 기업으로 하여금 일반 민법상의 불법행위책임보다 더 강화된 제조물책임을 경영윤리의 하나로 받아들이도록 요구하는 것은 제조물책임법으로 인해 선순환이 발생하는 경우에만 가능할 것이다. 이와 같은 선순환의 경우에는 제조물책임법으

33) 우리나라에서 현재 집단소송제가 도입되어 있는 분야는 증권분야가 유일하다. 2005년 1월 1일부터 「증권관련 집단소송법」이 시행되었음에도 불구하고, 아직 우리나라에서는 그 이용이 거의 전무한 상태이다. 그러나 증권집단소송제가 매우 활발하게 이용되고 있는 미국의 경우에는 증권집단소송제로 인해 ① 주가하락시마다 약탈소송이 발생하고, ② 책임여하를 불문하고 돈을 가진 집단(deep pocket)을 표적으로 소송이 제기되며, ③ 집단소송을 수행하는 변호사들도 자신들의 경제적 이익을 도모하기 위해 고객을 교묘히 이용하는 등의 폐단이 발생하고 있다. 미국 증권집단소송제의 폐단에 대해 자세한 내용은 Paul, Hastings, Janofsky & Walker, LLP, *SECURITIES LAW CLAIMS: A Practical Guide*, OCEANA PUBLICATION, INC., 2004, 164~174쪽.

로 인한 기업의 비용부담 증가가 기업경영에 있어서 견딜 수 있는 정도인데 반해, 악순환의 경우에는 기업이 이와 같은 비용부담의 증가를 견뎌낼 수 없기 때문이다. 즉 경영윤리란 기업경영상 그 비용을 부담할 수 있는 경우에만 요구될 수 있는 것이지, 그와 같은 비용으로 인해 기업이 도산위기에 처하는 경우에까지 요구될 수 있는 것은 아니다.

Ⅲ. 참고 판례

법원은 위 사안에 대해 화재발생이 제품의 결함이 아닌 다른 원인으로 발생한 것임을 제조업자측에서 입증하지 못하는 한 제품의 결함으로 인한 사고로 추정된다고 판시함으로써, 제조물책임법 제4조 제1항에 따라 입증책임을 제조업자에게 전환시키고 있다.

> [제조업자에게로의 입증책임의 전환] 제조물의 결함을 입증함에 있어서는 제조물책임의 특성상 소비자측에서 사고가 제조업자의 배타적 지배하에 있는 영역에서 발생한 것임을 입증하고 그러한 사고가 어떤 자의 과실 없이는 통상 발생하지 않는다고 하는 사정을 증명하면, 제조업자측에서 그 사고가 제품의 결함이 아닌 다른 원인으로 말미암아 발생한 것임을 입증하지 못하는 이상 제품의 결함으로 인하여 사고가 발생하였다고 추정하여야 한다. 따라서 온수 세정기의 전원코드의 전기합선이 원인으로 추정되는 화재에 있어서 제조업자가 위 화재가 온수 세정기의 결함이 아닌 다른 원인으로 인하여 발생한 것임을 증명하지 못하였다면 위 제품은 이를 유통에 둔 단계에서 이미 그 이용 시의 제품의 성상이 사회통념상 제품에 요구되는 합리적 안전성을 결여하여 부당하게 위험

한 것으로서 제조업자는 이러한 제품의 결함으로 말미암아 발생하였다고 추정되는 위 화재로 인한 손해의 배상책임을 진다(대구지방법원 2005.6.21, 2004가단29429).

연습문제

甲은 2003년 12월 2일 저녁 식사를 마친 후 A감기약 2알을 복용했다. 그날 새벽 甲은 술을 마시다가 뇌출혈로 쓰러져 병원으로 응급 후송되었다. 병원에 도착한 이후 병원 의료진이 甲에게 응급개두수술을 시행하였음에도 불구하고, 甲은 심한 뇌출혈과 뇌부종으로 인하여 2003년 12월 9일에 사망하였다. 당시 甲이 복용하고 있었던 A감기약은 페닐프로판올아민(PPA)이 함유된 의약품으로서 A제약회사가 제조한 대표적인 감기약이었다. PPA는 1940년대에 개발된 의약품으로 감기약 및 식욕억제제로 사용되고 있었고, 우리나라에는 1966년경에 도입되었다. 그러나 1979년 이래로 PPA를 복용한 후 뇌출혈이 발병했다는 30개 이상의 사례연구보고가 있었는데, 그 중 대부분의 경우는 식욕억제제로 PPA를 사용한 경우였고, 일부만이 감기약에 함유된 PPA와 관련된 경우였다. 그후 사고발생 당시에는 PPA 성분이 출혈성 뇌졸중의 발생을 증가시킬 수 있다는 국외 연구결과가 있었다. 이에 식품의약품안전청은 PPA 함유 의약품의 제조, 수입, 판매를 자발적으로 중단하여 달라는 통지를 A제약회사에게 보낸 상태였다.

[19] 소비자정보보호

Ⅰ. 경영 사례

A사는 경매는 물론 즉시구매, 고정가판매 등 다양한 방식으로 물품을 구매 또는 판매할 수 있는 온라인 마켓플레이스(market place)이다. 그런데 중국 해커들이 A사 사이트를 공격하여 A사 회원 중 약 1,000만 명의 개인정보가 유출되었는데, 이와 같이 유출된 개인정보에는 주민등록번호, 이름, 아이디 뿐 아니라 일부 회원의 경우에는 비밀번호, 계좌번호, 카드번호 등도 포함되어 있었다. 이 정보들은 이후 중국사이트 등을 통해 계속해서 유료로 거래되고 있다. 이에 개인정보가 유출된 소비자들은 A사가 대규모 정보해킹에 대해 충분한 대처를 하지 않았을 뿐 아니라, 정보유출 피해자들에게 별다른 보상 조치를 취하지 않았다고 주장하며, A사에 대한 집단분쟁조정을 한국소비자원에 신청하였다.

관계법령

- **정보통신망 이용촉진 및 정보보호 등에 관한 법률 제3조[정보통신서비스 제공자 및 이용자의 책무]** ① 정보통신서비스 제공자는 이용자의 개인정보를 보호하고 건전하고 안전한 정보통신서비스를 제공하여 이용자의 권익보호와 정보이용능력의 향상에 이바지하여야 한다.
- **정보통신망 이용촉진 및 정보보호 등에 관한 법률 제28조[개인정보의 보호조치]** ① 정보통신서비스 제공자등이 개인정보를 취급할 때에는 개인정보의 분실·도난·누출·변조 또는 훼손을 방지하기 위하여 대통령령으로 정하는 기준에 따라 다음 각 호의 기술적·관리적 조치를 하여야 한다.

1. 개인정보를 안전하게 취급하기 위한 내부관리계획의 수립·시행
2. 개인정보에 대한 불법적인 접근을 차단하기 위한 침입차단시스템 등 접근 통제장치의 설치·운영
3. 접속기록의 위조·변조 방지를 위한 조치
4. 개인정보를 안전하게 저장·전송할 수 있는 암호화기술 등을 이용한 보안조치
5. 백신 소프트웨어의 설치·운영 등 컴퓨터바이러스에 의한 침해 방지조치
6. 그밖에 개인정보의 안전성 확보를 위하여 필요한 보호조치

- **정보통신망 이용촉진 및 정보보호 등에 관한 법률 제32조[손해배상]** 이용자는 정보통신서비스 제공자등이 이 장의 규정을 위반한 행위로 손해를 입으면 그 정보통신서비스 제공자등에게 손해배상을 청구할 수 있다. 이 경우 해당 정보통신서비스 제공자등은 고의 또는 과실이 없음을 입증하지 아니하면 책임을 면할 수 없다.

위반시 형사처벌:
제28조 제1항 제2호부터 제5호까지의 규정에 따른 기술적·관리적 조치를 하지 아니하여 이용자의 개인정보를 분실·도난·누

출·변조 또는 훼손한 자는 2년 이하의 징역 또는 1천만원 이하의 벌금(정보통신망 이용촉진 및 정보보호 등에 관한 법률 제73조 제1호)

Ⅱ. 경영윤리와 법적 쟁점

1. 소비자 정보보호와 경영효율성의 이율배반성

정보를 수집하고 가공하는 기술이 비약적으로 발전함에 따라, 기업경영에서도 얼마나 많은 그리고 얼마나 정확한 소비자정보를 획득하느냐 하는 것이 경영성과에 커다란 영향을 미치게 되었다. 그러나 이처럼 경영효율성을 도모하는데 있어 소비자정보의 중요성이 커진 만큼 소비자정보의 보호에 대한 요구 또한 높아졌다. 하지만 아직까지 소비자정보의 보호와 경영효율성은 이율배반적인 관계에 놓여있다. 소비자정보에 대한 침해를 방지하기 위한 기술 및 인력의 투입은 기업의 비용부담을 증가시켜 경영효율성을 떨어뜨리는 요소로 작용하고 있기 때문이다.

2. 소비자정보 침해에 대한 네 가지 책임법제

소비자정보 침해에 대한 책임법제는 크게, ⓐ 정보통신망법[34]상의 형사책임(정보통신망법 제28조 제1항, 제73조 제1호), ⓑ 정보통신망법상의 손해배상책임(정보통신망법 제32조), ⓒ 일반 민법상의 손해배상책임(민법 제750조), ⓓ (가칭)개인정보보호 기본법상의 손해배상책임의 네 가지로 나누어질 수 있다. 이와 같

34) 「정보통신망 이용촉진 및 정보보호 등에 관한 법률」을 '정보통신망법'이라 약칭함.

은 네 가지 책임법제는 이율배반적인 관계에 놓여 있는 두 축, 즉 경영효율성과 소비자정보보호 사이에서 어느 것을 얼마나 더 강조하느냐에 따라 아래 그림에서와 같이 위치지어질 수 있다.

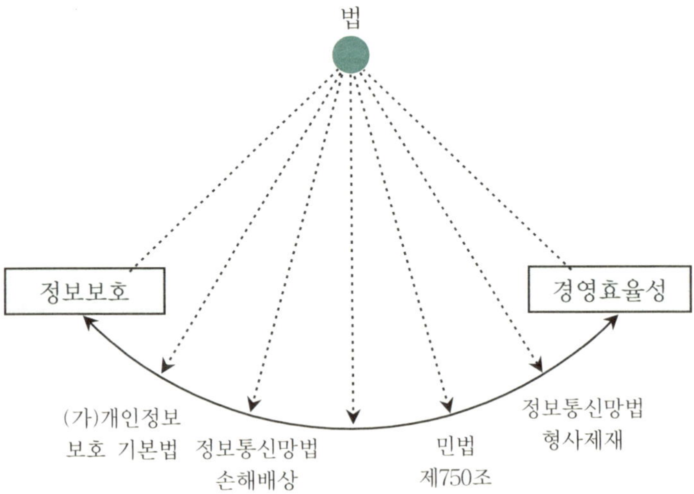

소비자정보 침해에 대한 네 가지 책임법제 중 — 책임귀속의 요건(귀책사유)의 엄격성 이라는 측면에서만 비교할 때 — 경영효율성에 가장 치우쳐 위치하고 있는 법제는 정보통신망법상의 형사책임(ⓐ)이다. 정보통신망법은 기업으로 하여금 개인정보 보호조치를 행하도록 요구하고 있으며, 이에 위반한 경우에는 형사제재를 가할 수 있도록 규정하고 있다(제28조 제1항, 제73조 제1호). 법조문상으로만 보면 그 귀속요건이 손해배상책임의 귀속요건보다 더 강화되어 있는 것은 아니지만, 아마도 미필적 고의 이상의 주관적 구성요건요소가 충족되는 경우에만 형사제재로 나아갈 것이고, 이 경우에도 책임원칙을 고려하여 대부분의 경우 벌

금형이 선고될 것이라는 점에서 정보통신망법상의 형사제재는 정보보호보다는 경영효율성을 도모하는 성격이 훨씬 강하다고 볼 수 있다. 물론 귀책사유의 엄격성이 아니라 제재의 효과 측면에서는 기존의 형법전보다 정보보호를 도모하는 법제라고 볼 수 있다.

일반 민법상의 손해배상책임(ⓒ)은 개인정보 보호조치를 행하지 않은데 대해 고의가 있는 경우뿐 아니라 과실이 있는 경우에도 배상책임이 긍정될 수 있으므로, 정보통신망법상의 형사책임보다는 귀책사유의 측면에서 볼 때 정보보호 쪽으로 좀 더 다가간 제재수단이라 할 수 있다. 그러나 일반 민법상의 손해배상책임은 과실책임을 원칙으로 하고, 손해배상책임을 청구하는 자가 그와 같은 고의 또는 과실의 존재를 입증해야 한다는 점에서 여전히 정보보호보다는 경영효율성을 도모하는 측면이 강하다. 이에 더하여 기업이 과실에 의해 개인정보 보호조치를 행하지 않은 경우 그 기업에 대해 민법상의 손해배상책임을 물으려면 '이익의 연대성'(개인정보에 대한 침해가 기업에게도 이익이 됨)[35]이 존재해야 한다고 보는 것이 타당할 것인데, 이에 따르면 일반 민법상의 손해배상책임은 한층 더 경영효율성 쪽으로 치우치게 될 것이다.

일반 민법상의 손해배상책임보다 정보보호를 더욱 강화하는

35) 고객정보를 바탕으로 구체적인 특성 및 상황을 검토함으로써 개별 고객의 수요를 파악하여 판촉 하는 마케팅기법으로서 DBM(Data-Base Marketing)의 경우가 이와 같은 '이익의 연대성'이 인정되는 대표적인 예라고 할 수 있을 것이다. 따라서 DBM 형태의 정보유출에 대해서는 기업이 현행 민법상으로도 손해배상책임을 부담하게 될 것이다. 기업은 고객으로부터 약관에 의한 동의가 아니라 개별동의를 얻어야만 이와 같은 배상책임을 회피할 수 있다.

책임법제가 바로 정보통신망법상의 손해배상책임(ⓑ)이다. 이는 입증책임을 전환하여 정보통신서비스 제공자인 기업으로 하여금 고의·과실이 없음을 입증하도록 함으로써, 손해배상책임이 귀속될 수 있는 여지를 확장시키고 있다. 이에 더하여 아무리 자금력과 정보력을 갖춘 기업이라 할지라도 고의·과실이 없음을 입증하는 것이 매우 어렵다는 점을 감안한다면, 정보통신망법상의 손해배상책임은 실제 위험책임으로 운영되기 쉽다. 그러므로 정보통신망법상의 손해배상책임은 경영효율성보다는 정보보호에 치우쳐져 있다고 할 수 있을 것이다.

마지막으로 현재 입법이 추진되고 있는 개인정보보호 기본법[36]상의 손해배상책임(ⓓ)은 실제 결과책임으로 운영될 여지가 클 것이다. 왜냐하면 동법은 정보적 자기결정권의 보호를 도덕적 요청으로 보고, 이를 절대적으로 보호하려는 기획을 갖고 있기 때문이다. 따라서 기본법상의 손해배상책임은 정보통신망법상의 형사제재, 정보통신망법상의 손해배상책임, 일반 민법상의 손해배상책임에 비해 훨씬 더 정보보호 쪽에 치우쳐 위치하게 된다.

3. 위험책임의 경영윤리성

소비자정보의 침해에 대한 책임법제가 경영윤리적으로도 적합성을 갖기 위해서는, 정보적 자기결정권을 침해하지 않을 만큼

36) 최근 정보화 관련 법안의 통·폐합과 제·개정 추진 작업이 한창 진행 중이다. 공공기관의 개인정보보호에 관한 법률, 정보통신망 이용 촉진 및 정보보호에 관한 법률 등에 있는 개인정보보호 관련 조항을 수용하여 개인정보보호법에 관한 일반법으로 제정할 계획 중이다. 이에 대한 최종안을 위해 2008년 6월 말 개인정보보호법 제정에 대한 공청회를 개최했다. 또한 행정안전부는 정보화촉진기본법, 정보통신망법, 정보통신기반보호법, 전자서명법, 전자정부법에 있는 행정전자서명, 전자정부 보안, 정보보호 관련 규정 등을 재분류해 정보기반보호법을 제정하기 위해 법안을 마련 중에 있다.

소비자정보를 보호하면서도 기업에게 너무 과도한 책임을 귀속시킴으로써 경영 자체가 불가능해지도록 하지 않는 그런 법제여야 할 것이다. 이렇게 볼 때, 기업에게 결과책임을 귀속시키는 법제는 기업의 경영 자체를 불가능하게 한다는 점에서 경영윤리에 부합할 수 없다. 결과책임을 귀속시키는 법제 하에서는 기업이 신기술을 개발·사용하지 않은 경우까지도 배상책임을 부담하게 되므로, 기술발전보다도 책임귀속이 먼저 일어나는 결과가 초래된다. 이러한 책임귀속은 기업의 입장에서 볼 때, 경영 그 자체를 불가능하게 만드는 과도한 비용부담이 된다. 이렇게 되면 결국 시장이 위축되고 그 위축은 궁극적으로 국민경제의 부담으로 귀결될 것이다.

반면, 과실책임을 귀속시키는 법제는 이와 반대로 기업에게 너무 적은 책임만을 귀속시키므로 경영윤리적 적합성을 갖지 못한다. 왜냐하면 과실책임에 의하는 경우에는 원고인 손해배상청구권자가 고의·과실, 위법성, 손해발생, 인과관계 등을 모두 입증해야 하는데 그 입증이 용이하지 않으므로, 기업들은 이와 같은 책임을 그저 기업경영에 따른 비용으로 감수하게 된다. 즉 이 경우에는 간혹 긍정될지 모를 손해배상책임에 따른 배상비용이 소비자정보 보호조치를 행하는데 따른 비용보다 더 적으므로 기업들은 소비자정보 보호조치를 취하지 않고 손해배상책임을 비용으로 감수하게 되는 것이다.

따라서 결과책임과 과실책임의 가운데 위치하고 있는 위험책임의 법제가 가장 경영윤리적으로 적합성을 갖는다고 할 수 있을 것이다. 이 경우에는 기업이 표준적인 기술을 사용하지 않은 경우에만 책임을 부담하므로 기업의 경영 자체를 불가능하게 할 정도의 과도한 비용부담을 초래하지 않을 뿐 아니라, 과실책임에 비해서는 손해배상책임을 부담하게 될 확률이 더 높아짐에 따라 이와 같은 배상책임에 따른 비용을 줄이기 위해 소비자정보 보호조치를 행하게 되는 선순환을 가능케 하기 때문이다.

Ⅲ. 참고 판례

법원은 소비자정보 침해행위에 대해 과실책임의 법리에 입각하여 그 책임유무를 판단하고 있다.

> [과실책임 법리의 적용] 피고 회사는 이 사건 게임 서비스 업자로서 이 사건 게임을 이용하는 이용자들의 개인정보가 유출되지 않도록 필요한 조치를 다하여야 할 계약상, 법상의 의무를 부담하고 있다고 할 것이다. 그런데, 앞에서 본 바와 같이 피고 회사가 이 사건 게임 서버의 업데이트과정에서 이용자들의 개인정보인 아이디와 비밀번호가 암호화되지 않은 상태에서 로그파일에 저장되도록 함으로써, 컴퓨터에 관한 상당 수준의 전문지식이 있는 사람이라면 누구라도 그에 접근하여 이용자들의 아이디와 비밀번호를 알 수 있는 상황을 발생시킨 것은 이용자들의 개인정보를 유출되도록 한 것으로서 이는 이 사건 게임 서비스 이용계약 및 법에서 요구하는 주의의무를 다하지 않은 과실에 해당한다고 할 것이다. 따라서, 피고 회사는 이 사건 사고 기간 동안 이 사건 게임서비스에 접속하여 개인 정보 유출의 위험에 처하게 된 원고들이 입은 정신적 손해(원고들은 이 사건에서 정신적 손해의 배상만을 구하고 있다)를 배상할 책임이 있다(서울중앙지방법원 2006.4.28, 2005가단240057).

연습문제

A은행은 인터넷뱅킹, 신용카드 등을 이용하여 인터넷 주택복권통장을 개설한 고객들을 상대로 위 통장에 일정 금액 이상을 예치할 경우 복권을 구입하고 복권통장으로 당첨금을 지급하는 서비스를 제공하였다. 2006년 3월 15일 A은행의 담당직원인 甲은 복권서비스 이용계약을 체결한 가입회원 중 최근 3개월 동안 위 서비스를 이용하지 않은 32,277명의 회원들에게 이 사건 복권서비스에 관한 안내 이메일을 발송하는 과정에서 위 32,277명 회원들의 성명, 주민등록번호, 이메일 주소, 최근 접속일자가 수록된 텍스트 파일을 이메일 첨부파일란에 첨부하여 발송하였다. 이후 A은행은 위 3,723명 회원들의 이메일 계정을 관리하는 포털사이트 운영자에게 위 이메일을 회수할 것을 요청하여 이미 열람한 641명의 회원들을 제외한 나머지 회원들의 이메일을 회수하고, 파일 명단상의 회원들에게 사과의 뜻을 기재한 이메일을 발송하였다. 이후 이메일을 열람한 641명에게 3차례에 걸쳐 이메일을 삭제하도록 요청하였고, 32,277명의 회원들에게 정보도용 차단서비스를 1년간 무료로 이용할 수 있는 서비스를 제공하였다.

찾아보기

ㅅ

ㅇ

ㅈ

ㅊ

ㅋ

ㅌ

〔저자약력〕

■ 이상돈
고려대학교 법과대학 졸업
독일 프랑크푸르트 대학교 대학원 졸업(Dr.jur.)
고려대학교 법과대학 정교수

■ 지유미
고려대학교 법과대학 졸업
고려대학교 대학원 박사과정
고려대학교 법학연구원 연구원

■ 박혜림
고려대학교 법과대학 졸업
고려대학교 대학원 재학중
고려대학교 법학연구원 연구원

기업윤리와 법

2008년 8월 25일 초판 인쇄
2008년 8월 30일 초판 1쇄발행

저 자 이상돈 · 지유미 · 박혜림
발행인 배 효 선

처 도서출판 法 文 社

413-756 경기도 파주시 교하읍 문발리 526-3
등 록 1957년 12월 12일/제2-76호(윤)
전 화 (031)955-6500~6 FAX (031)955-6525
E-mail (영업) bms@bobmunsa.co.kr
(편집) edit66@bobmunsa.co.kr
홈페이지 http://www.bobmunsa.co.kr

조 판 (주) 성 지 이 디 피

정가 19,000원 ISBN 978-89-18-01157-8